Zimmer-
pflanzen

Zimmerpflanzen

Auswahl • Pflege • Gestaltungsideen

Paul Williams

DK

DORLING KINDERSLEY
LONDON, NEW YORK, MELBOURNE,
MÜNCHEN UND DELHI

LEKTORAT Helen Fewster
BILDBETREUUNG Rachael Smith
CHEFLEKTORAT Anna Kruger
CHEFBILDLEKTORAT Alison Donovan
DTP DESIGN Louise Waller
BILDRECHERCHE Lucy Claxton, Richard Dabb,
Myriam Megharbi
LEKTORATSASSISTENZ Katie Dock
HERSTELLUNG Sarah Sherlock
FOTOS Sian Irvine

Für die deutsche Ausgabe:
PROGRAMMLEITUNG Monika Schlitzer
PROJEKTBETREUUNG Regina Franke
HERSTELLUNGSLEITUNG Dorothee Whittaker
HERSTELLUNG Petra Schneider
COVERGESTALTUNG Petra Schneider

Bibliografische Information Der Deutschen Bibliothek
Die Deutsche Bibliothek verzeichnet diese Publikation in der Deutschen Nationalbibliografie; detaillierte bibliografische Daten sind im Internet über http://dnb.ddb.de abrufbar.

Titel der englischen Originalausgabe:
Houseplants

ÜBERSETZUNG Wiebke Krabbe
REDAKTION Frauke Bahle

ISBN 10: 3-8310-0923-6
ISBN 13: 978-3-8310-0923-7

Colour reproduction by RGB, Italy
Printed and bound in China by Hung Hing

Besuchen Sie uns im Internet
www.dk.com

Inhalt

Pflanzenkompass | Blüten und Früchte

Blühende Pflanzen

Impatiens S.104

Exacum S.83

Hibiscus S.97

Streptocarpus S.162

Justicia S.107

Saintpaulia S.146

Mandevilla S.113

Campanula S.44

Anthurium S.28

Pericallis S.132

Punica S.141

Pelargonium S.127

Abutilon S.18

Clivia S.56

Brugmansia S.38

Lantana S.110

ZIMMERPFLANZEN gibt es in allen Formen und Farben, diese Seiten sollen Ihnen helfen, schnell das passende Gewächs für jeden Zweck zu finden. Ob Sie buntes Laub suchen, duftende Blüten, etwas fürs Bad oder den Wintergarten, bunte Blüten für den Winter oder unverwüstliche Kakteen – der Pflanzenkompass zeigt Ihnen den Weg.

Winterblüher

Solanum S.153

Capsicum S.45

Cyclamen S.66

Rhododendron S.143

Hippeastrum S.98

Schlumbergera S.149

Euphorbia pulcherrima S.81

Camellia S.43

Duftpflanzen

Lavandula S.111

Gardenia S.91

Stephanotis S.161

Jasminum S.106

Orchideen

Phalaenopsis S.133

Paphiopedilum S.125

Dendrobium S.71

Cymbidium S.67

Pflanzenkompass | Interessantes Laub

gemusterte Blätter

Pilea S.137

Solenostemon S.155

Ctenanthe S.62

Begonia S.34–35

Calathea S.40–41

Caladium S.39

Stromanthe S.163

Maranta S.114

Struktur

Nertera S.121

Gynura S.94

Davallia S.70

Selaginella S.151

farbige Blätter

Hypoestes S.101

Hemigraphis S.96

Tradescantia spathacea S.167

Fittonia S.90

skurrile Formen

Codiaeum S.57

Nolina S.122

Platycerium S.138

Euphorbia trigona S.82

Cycas S.65

Aechmea S.21

Lufterfrischer

Ficus sagittata S.86–87

Spathiphyllum S.160

Hedera S.95

Chlorophytum S.52

Aglaonema S.24

Dieffenbachia S.72

Syngonium S.164

Dracaena S.76–77

Pflanzenkompass | Spezialitäten

Kletter- und Ampelpflanzen

Epipremnum S.80

Senecio rowleyanus S.152

Hedera S.95

Cissus S.54

Hoya S.100

Passiflora S.126

Senecio macroglossus S.152

Kakteen und Sukkulenten

Ferocactus S.85

Sedum S.150

Agave S.23

Echeveria S.79

Euphorbia tirucalli S.82

Aeonium S.22

Zamioculcas S.171

Aloe S.26

große Pflanzen

Yucca S.170

Curcuma S.64

Ficus binnendijkii 'Alii' S.86–87

Philodendron S.134–135

Monstera S.115

Palmen

Phoenix S.136

Howea S.99

Rhapis S.142

Dypsis S.78

Pflanzenkompass | Was wächst wo?

Wintergarten

Ananas S.27

Bougainvillea S.37

Kalanchoe S.108–109

Musa S.118

Citrus S.55

Olea S.123

Plumbago S.139

Badezimmer

Tillandsia S.165

Asplenium S.31

Pteris S.140

Alocasia S.25

schwaches Licht

Cyrtomium S.69

Sansevieria S.147

Aspidistra S.30

Adiantum S.20

kühle Räume

Graptopetalum S.92

Ceropegia S.49

Soleirolia S.154

Tolmiea S.166

Isolepis S.105

Cordyline S.58

Fatsia S.84

Crassula S.59

Zantedeschia S.172

Schefflera S.148

Sollya S.156

Grevillea S.93

Sparrmannia S.157

Pachira S.124

Einleitung

Die meisten Menschen haben in irgendeiner Weise gerne mit der Natur zu tun. Zimmerpflanzen holen nicht nur die Natur ins Haus, sondern sind auch ein wichtiges Element für die Raumgestaltung. Es gibt Arten für jeden Stil und Geschmack. Aber Pflanzen bieten mehr als gutes Aussehen. Sie wirken beruhigend bei Stress und können sogar Schadstoffe in der Raumluft abbauen.

Dieses Buch ist eine ganz persönliche Auswahl attraktiver und relativ unkomplizierter Pflanzen. Natürlich deckt es nur einen Bruchteil dessen ab, was Blumengeschäfte und Gartencenter anbieten. Wer einmal vom Pflanzenfieber angesteckt ist, wird immer neue Arten ausprobieren wollen. Und was muss man dafür wissen? Überlegen Sie einfach, welche Bedingungen Sie Pflanzen bieten können – und wählen Sie Pflanzen, die unter diesen Bedingungen gut gedeihen. Dann sind Sie auf dem richtigen Weg zu grünen Mitbewohnern, die wenig Mühe und viel Freude machen.

Zimmerpflanzen lassen mit Farbe und manchmal auch Duft jeden Raum lebendiger wirken.

Selbst schlichte Pflanzen können ein Hingucker sein, wenn sie einfallsreich präsentiert werden.

Pflanzen fühlen sich in Gruppen wohl. Stehen Arten mit ähnlichen Bedürfnissen zusammen, erzeugen sie gemeinsam die Luftfeuchtigkeit, die ihnen gut tut.

Manche Pflanzen müssen nur dastehen, um das Klima zu verbessern und eine gesunde Wohnatmosphäre zu schaffen. Die Grünlilie ist absolut pflegeleicht, filtert aber erwiesenermaßen schädliche Umweltgifte aus der Luft.

Die Bedingungen des Standortes sind gute Auswahlkriterien für den Pflanzenkauf.

Das wachsende Angebot des Pflanzenhandels bietet immer neue Gestaltungsvarianten.

So finden Sie sich zurecht

Wer eine Pflanze mit bestimmten Merkmalen oder für einen speziellen Platz sucht, sollte im Pflanzenkompass blättern. Dort finden Sie Abbildungen mit Verweisen zum Porträt. Der Anhang dieses Buches enthält eine umfassende Pflanzenliste ohne Fotos.

Im folgenden Hauptteil werden etwa 150 Pflanzen ausführlich vorgestellt – alphabetisch geordnet nach ihren botanischen Namen. In den Pflanzenporträts können Sie anhand der Piktogramme schnell überblicken, ob die Pflanze Ihren Bedingungen entspricht. Die Stichworte Wasser und Überlebensstrategie bedürfen keiner weiteren Erklärung. Einige der anderen werden hier etwas genauer erläutert.

Licht wird in Lux gemessen. Ohne komplizierte Messgeräte ist es aber nur schwer einzuschätzen. Die Lichtintensität hängt davon ab, ob ein Fenster nach Norden, Süden, Osten oder Westen zeigt. Auch der Breitengrad Ihres Wohnortes spielt eine Rolle, und zwischen Sommer und Winter gibt es erhebliche Unterschiede. Die meisten Pflanzen bevorzugen helles Licht, aber keine direkte Sonnenbestrahlung. Viele vertragen Sonnenlicht am Morgen oder Nachmittag, jedoch keine pralle Mittagssonne.

Temperatur Die durchschnittliche Raumtemperatur liegt bei 18–24 °C. Die meisten Pflanzen vertragen auch einige Grad mehr oder weniger.

Größe Pflanzen werden oft in verschiedenen Größen angeboten – manche größer als die hier abgebildeten, andere kleiner. Die Maßangaben in diesem Buch beziehen sich auf die Pflanze samt Gefäß. Große Pflanzen sind im Register auf Seite 189 und Seite 190 zusammengestellt.

Standort Überall im Buch finden Sie Vorschläge zur Platzierung von Pflanzen. Dies sind ganz subjektive Empfehlungen ohne Anspruch auf Vollständigkeit. Sie sollen lediglich Hinweise auf geeignete Standorte geben, vorausgesetzt, Licht- und Temperaturbedingungen stimmen.

Am Ende des Buches finden Sie ein kurzes Kapitel zur Pflanzenpflege. Hier geht es um Krankheiten und Schädlinge, aber auch um typische Pflegefehler und ihre Vermeidung.

Pflanzen von A–Z

Abutilon x hybridum

Schönmalve

Schönmalven sind unkomplizierte Pflanzen für kühle, helle Räume. Sie haben ein hübsches, ahornähnliches Laub und bilden im Sommer und Herbst zahlreiche Blüten in verschiedenen Farben von dunklem Rot über Orange bis Gelb und Rosa. *A. pictum* 'Thompsonii' hat eine helle Blattzeichnung. Sie wird durch ein Mosaikvirus verursacht, das aber nicht auf andere Pflanzen übergreift und das Wachstum der Schönmalve kaum behindert. An einem warmen Platz wachsen die immergrünen Pflanzen ganzjährig, brauchen dann aber viel Licht, sonst bilden sie lange, schwache, blasse Triebe.

A. pictum 'Thompsonii'

LICHT

Abutilon mag volle Sonne, braucht aber stets einen feuchten Wurzelballen, sonst versengen die Blätter.

TEMPERATUR

Verträgt im Winter Temperaturen knapp über dem Gefrierpunkt. Kühle Räume mit 16–20 °C sind ideal.

WASSER

In warmen Räumen muss das Substrat immer feucht gehalten werden. Steht die Pflanze im Winter kühl, sollte der Wurzelballen zwischen den Wassergaben antrocknen. Während des Wachstums alle 14 Tage mit Flüssigdünger versorgen. Im Winter nicht düngen.

ÜBERLEBENSSTRATEGIE

Pflanzen, die zu groß werden, können im Frühling stark zurückgeschnitten werden. Kneift man dabei die Triebspitzen aus, wächst die Pflanze buschiger. Im Sommer wachsen Schönmalven kräftig. Empfindlich für Weiße Fliege (*s. Seite 187*).

GRÖSSE

55 cm

STANDORT

Wintergarten, Südfenster

Acalypha hispida

Katzenschwanz

Der Katzenschwanz ist eine buschige Pflanze mit interessanten flauschigen Kätzchen. Er hat gezähnte Blätter und trägt im Sommer rote Kätzchen von bis zu 40 cm Länge. Die Pflanze wird bis zu 1,5 m hoch, kann aber durch Rückschnitt im Frühling oder Herbst kleiner gehalten werden. Von der verwandten Art *A. wilkesiana* gibt es panaschierte Formen mit rot, grün, violett und kupferfarbig gezeichneten Blättern. Besonders schön sind die Sorten mit einfarbigen, kontrastreich gerandeten Blättern.

LICHT
Braucht für gute Laub- und Blütenfärbung helles, aber diffuses Licht, etwa hinter einer Tüllgardine.

TEMPERATUR
Im Winter nicht kälter als 13–15 °C, bei niedrigeren Nachttemperaturen wirft die Pflanze das Laub ab.

WASSER
Während der Wachstumsperiode das Substrat feucht halten. In den kühlen Wintermonaten weniger gießen, aber den Ballen nie ganz austrocknen lassen.

ÜBERLEBENSSTRATEGIE
Der Katzenschwanz braucht feuchte Luft und fühlt sich darum in Zweier- bis Dreiergruppen oder in Gesellschaft anderer Pflanzen wohl. Bei besonders warmem Wetter danken es die Pflanzen, wenn ihre Blätter regelmäßig besprüht werden.

GRÖSSE
35 cm

STANDORT
Wintergarten

Adiantum capillus-veneris

Frauenhaarfarn

Zu dieser Gattung gehören verschiedene Arten, die alle unter dem Namen Frauenhaarfarn zusammengefasst werden. *A. capillus-veneris* ist eine der schönsten. Nur wenige Pflanzen sind ähnlich zart. Die überhängenden Wedel sind in fächerförmige, hellgrüne Blättchen unterteilt, die sich von den schlanken, schwarzen Stielen abheben. Weil die Pflanze mit wenig Licht auskommt und auch kühle Standorte verträgt, eignet sie sich für Plätze, an denen andere Gewächse sich weniger wohl fühlen.

Die Wedel bestehen aus zarten Blättchen.

LICHT
Helles, diffuses Licht, aber keine direkte Sonne.

TEMPERATUR
Zimmertemperatur von 18–20 °C reicht aus, sie verträgt aber auch kühlere Bedingungen bis 10 °C.

WASSER
Das Substrat während des ganzen Jahres leicht feucht halten. Bei Wurzeltrockenheit vertrocknen die Blätter schnell. In wärmeren Räumen braucht die Pflanze mehr Wasser.

ÜBERLEBENSSTRATEGIE
Der Frauenhaarfarn ist unkompliziert, solange seine Wurzeln stets feucht gehalten werden. Trockene oder gelbe Wedel werden – am besten im Frühling – einfach an der Basis abgeschnitten, die Pflanze treibt dann rasch neu aus.

GRÖSSE
40 cm

STANDORT
Badezimmer

Aechmea fasciata

Lanzenrosette

Diese ungewöhnliche Pflanze ist auf den Waldböden Südamerikas heimisch. Dort fängt sie mit dem becherförmigen Zentrum ihrer Blattrosette Regenwasser auf, das von den Bäumen tropft. Die kleinen blauen Blüten, die sich später rötlich färben, sind kurzlebig, die Hochblätter halten jedoch wesentlich länger. Jede Rosette bildet nur eine Blüte und stirbt danach langsam ab. Weil dann aber neue Rosetten entstehen, sieht die Pflanze auch weiterhin attraktiv aus.

Die Hochblätter halten sich bis zu zwei Monate.

LICHT
Blüten bilden sich nur bei gutem Licht. Die Pflanze verträgt einige Sonnenstunden.

TEMPERATUR
Mindesttemperatur im Winter um 15 °C, Höchsttemperatur im Sommer bis 27 °C bei hoher Luftfeuchtigkeit.

WASSER
Im Blütenzentrum sollte immer kalkfreies Wasser stehen. Gelegentlich wird es ausgegossen und erneuert. Das Substrat im Sommer nur leicht feucht halten, im Winter vor jedem Gießen antrocknen lassen.

ÜBERLEBENSSTRATEGIE
Obwohl die Pflanze aus den feuchtwarmen Tropen stammt, verträgt sie verschiedene Bedingungen. Nur bei trockener Hitze werden die Blattränder braun. Im Sommer alle 14 Tage mit schwachem Flüssigdünger (doppelte Verdünnung) versorgen.

GRÖSSE
60 cm

STANDORT
heller Wohnraum

Aeonium 'Zwartkop'

Aeonium

Diese Pflanze hat ungewöhnlich dunkle, fast schwarze fleischige Blätter. Sie stehen in Rosetten an den Enden nackter, schlangenartiger Stiele. Das interessante Gewächs passt zu minimalistischen Einrichtungen mit nüchternen Glas- und Stahlflächen. Im Frühsommer erscheinen gelegentlich große Blütenstände aus kleinen, leuchtend gelben Blüten. Die unkomplizierte Pflanze stellt keine besonderen Temperaturansprüche, braucht aber einen hellen Platz. Bei Lichtmangel werden die Blätter länglich und vergrünen, sodass die Rosetten locker und struppig aussehen. Aeonium verträgt volle Sonne und kann im Sommer auch draußen stehen. Ein schwerer Topf sorgt für Kippsicherheit.

LICHT

Braucht ganzjährig viel Licht, auch wenn sie im Winter das Wachstum einstellt.

TEMPERATUR

Aeonium hat es im Winter gern kühl (8–11 °C). Im Sommer genügen Temperaturen zwischen 18 und 25 °C.

WASSER

Das Substrat im Sommer feucht halten, damit das Laub nicht runzlig wird. Im Winter weniger Wasser geben, aber gießen, sobald die Blätter fallen oder den Glanz verlieren. Im Sommer einmal monatlich Flüssigdünger in doppelter Verdünnung geben. Im Winter nicht düngen.

ÜBERLEBENSSTRATEGIE

Dass ältere Blätter runzlig werden und abfallen, ist normal. Hohe, kahle Stiele können radikal zurückgeschnitten werden. Das führt zu einer schöneren Form. Die abgeschnittenen Rosetten bewurzeln in Erde mit hohem Sandanteil schnell.

GRÖSSE

50 cm

STANDORT

minimalistisch eingerichtete Wohnungen

Agave attenuata

Agave

Agaven sind robuste, attraktiv geformte Pflanzen, die sich in praller Sonne und heißen Wintergärten wohl fühlen. Wegen ihrer Form eignen sie sich gut als Solitärpflanzen. *A. attenuata* bildet einen gedrungenen Stamm. Die bekanntere Art *A. americana* bildet Rosetten aus breiten Blättern mit stacheligen Rändern und kann mit der Zeit sehr groß werden. Es gibt auch kleinere, langsam wachsende Arten. *A. filifera* trägt an den Blatträndern helle, bastartige Fäden. *A. victoriae-reginae* bildet kompakte Rosetten aus Blättern mit strahlend weißer Zeichnung und wird nicht größer als 25 cm.

LICHT
Ganzjährig möglichst hell stellen.

TEMPERATUR
Im Winter genügt Agaven eine Temperatur von 5–6 °C, sofern sie fast trocken gehalten werden.

WASSER
Während der Wachstumsphase häufiger gießen, aber das Substrat zwischen den Wassergaben antrocknen lassen. Im Winter nur so wenig gießen, dass der Ballen nicht austrocknet.

ÜBERLEBENSSTRATEGIE
Agaven sind pflegeleicht und anspruchslos. Einige haben sehr spitze Stacheln, die für Kinderaugen gefährlich werden können. Man kann sie mit einem Nagelknipser abschneiden oder Weinkorken darauf stecken. Jungpflanzen werden zum Transport zusammengebunden.

GRÖSSE
56 cm

STANDORT
modern eingerichtete Wohnungen

Aglaonema commutatum

Kolbenfaden

Mit den großen gefleckten und gezeichneten Blättern in Grün-, Grau- und Cremetönen sowie der robusten Konstitution ist der Kolbenfaden eine pflegeleichte und attraktive Zimmerpflanze. Durch Züchtung sind viele verschiedene Sorten mit Blattlängen von 15–40 cm und zahllosen abwechslungsreichen Blattmustern entstanden. Alle haben ähnliche Ansprüche. Sie gedeihen im Schatten, doch die Blattzeichnung fällt an einem hellen Platz schöner aus.

A. crispum 'Marie'

LICHT

Pralle Sonne kann die Blätter versengen.

TEMPERATUR

Normale Zimmertemperatur von 18–24 °C.

WASSER

Regelmäßig gießen, aber zwischen den Wassergaben das Substrat leicht antrocknen lassen. Wenn sich das Wachstum im Winter verlangsamt, weniger gießen, aber nie ganz austrocknen lassen.

ÜBERLEBENSSTRATEGIE

Während des Wachstums alle 14 Tage mit Flüssigdünger versorgen. Bei trockener Luft können die Blattränder und -spitzen braun werden. In diesem Fall sollten Sie die Pflanze auf ein Tablett mit feuchten Kieseln stellen, um die Luftfeuchtigkeit zu erhöhen.

GRÖSSE

50 cm

STANDORT

luftige Küche

Alocasia x *amazonica*

Pfeilblatt

Das Pfeilblatt gehört zu den nicht ganz Unkomplizierten, weil es hohe Luftfeuchtigkeit und gleichmäßige Wärme braucht. Andererseits lohnt sich für die beeindruckende Pflanze mit den großen, attraktiv gerippten und gezeichneten Pflanzen etwas Mühe. Die Blätter gesunder Pflanzen können über 50 cm lang werden. Bei zu niedriger Temperatur fallen die Blätter, doch wenn die Pflanze nach einem bis zwei Tagen wieder genug Wärme bekommt, bildet das unterirdische Rhizom neues Laub.

LICHT
Braucht helles, aber diffuses Licht, direkte Sonnenbestrahlung vermeiden.

TEMPERATUR
Im Winter mindestens 15–18 °C; im Sommer sind Temperaturen um 20–25 °C ideal.

WASSER
Im Sommer regelmäßig gießen und das Substrat feucht halten, im Winter die Wassermenge reduzieren.

ÜBERLEBENSSTRATEGIE
Während des Wachstums wöchentlich düngen, im Winter keinen Dünger geben. Um für ausreichend hohe Luftfeuchtigkeit zu sorgen, sollte die Pflanze regelmäßig eingenebelt oder auf einen Untersetzer mit feuchten Kieseln gestellt werden.

GRÖSSE
60 cm

STANDORT
helles Badezimmer

Aloe variegata

Tiger-Aloe

Es gibt viele Aloe-Arten und alle sind leicht zu kultivieren. *A. variegata* ist robust und kleiner als die meisten Verwandten, darum eignet sie sich gut für die Wohnung. Im Frühling und Sommer trägt sie hohe Stiele mit rötlichen, röhrenförmigen Blüten, doch die fleischigen Blätter sehen ganzjährig gut aus. *A. vera* ist schon wegen ihrer Heilwirkung auf Fensterbänken in aller Welt gern gesehen. Sie bildet eine Rosette aus aufrechten, fleischigen Blättern mit hellen Flecken und gezähnten Rändern. Die Blüten sind gelb. Interessant ist auch *A. aristata* mit einer kompakten Rosette aus fleischigen Blättern, die mit festen Knötchen bedeckt sind. Sie bildet im Sommer 30 cm lange Stiele mit orangefarbenen Blüten.

A. aristata (Bebänderte Aloe)

LICHT

Die Aloe braucht es ganzjährig hell. Sie verträgt direktes Sonnenlicht, aber keine Mittagssonne im Sommer.

TEMPERATUR

Ideal ist eine Temperatur um 18–24 °C. Wichtig ist im Winter eine Kälteperiode von 4–5 Wochen um 10 °C.

WASSER

Zwischen die dicht stehenden Blätter sollte kein Wasser gelangen. Im Sommer wird das Substrat gerade feucht gehalten, im Winter noch etwas trockener. Ganz austrocknen darf es aber nie. Im Sommer alle 2 Wochen mit Flüssigdünger in doppelter Verdünnung versorgen.

ÜBERLEBENSSTRATEGIE

Die Aloe ist pflegeleicht. Sie braucht viel Licht und darf nicht ertränkt werden. Viele Arten bilden leicht Ableger. Sie können einfach abgeschnitten werden und bewurzeln in einer Mischung aus Erde und Sand schnell.

GRÖSSE

65 cm

STANDORT

sonnige Fensterbank

Ananas comosus var. *variegatus*

Ananas

Die dekorative Pflanze kann mit der Zeit zu groß für die Wohnung werden, ist aber in großen Räumen ein toller Blickfang. Die panaschierte Form der essbaren Ananas hat schmale, gezähnte Blätter von bis zu 90 cm Länge, die am Rand einen breiten cremeweißen Streifen tragen. Wer genug Platz hat, sollte sie mit anderen Bromelien wie *Billbergia* und *Aechmaea* zu einer thematisch orientierten Gruppe mit interessanten Strukturen und Formen arrangieren.

Bei direkter Sonne färben sich die Blattränder rosa.

LICHT
Weil die Ananas keine Ruheperiode einlegt, braucht sie ganzjährig möglichst viel direktes Sonnenlicht.

TEMPERATUR
Ganzjährig warm, im Winter mindestens 16 °C.

WASSER
Ananas wächst ganzjährig, darum muss sie im Sommer reichlich gegossen werden und auch im Winter wird das Substrat feucht gehalten. Je kühler die Wintertemperatur, desto trockener sollte die Pflanze gehalten werden.

ÜBERLEBENSSTRATEGIE
Bei ausreichend Wärme, gutem Licht, mittlerer Luftfeuchtigkeit und durchlässigem Substrat ist dieses Bromeliengewächs unkompliziert. Die Reife der Früchte dauert allerdings einige Monate und es ist unwahrscheinlich, dass man von Zimmer-Ananas essbare Früchte ernten kann.

GRÖSSE
40 cm

STANDORT
Wintergarten

Anthurium-Hybriden

Flamingoblume

Es gibt viele Anthurien-Arten, von denen die größeren vorwiegend als Schnittblumen für die Floristik kultiviert werden. Inzwischen sind aber auch einige kompaktere Pflanzen gezüchtet worden, die sich in der Wohnung wohl fühlen. Die glänzenden Blüten in Weiß, Rosa oder Rot erscheinen rund ums Jahr, doch auch ohne Blüten sieht die Pflanze gut aus. Wenn sie Blüten trägt, sollte sie allerdings einen Ehrenplatz ganz für sich haben. Flamingoblumen kommen am besten in schlichten, eleganten Töpfen zur Geltung, die den Blüten keine Konkurrenz machen.

A. 'Champion'

LICHT

Im Sommer braucht die Flamingoblume helles, aber indirektes Licht. Auch im Winter hat sie es gern hell.

TEMPERATUR

Vorzugsweise ganzjährig um 20 °C, im Winter nicht unter 16 °C.

WASSER

Ein heikler Kandidat: Das Substrat darf nie austrocknen, aber auch nicht zu nass sein, weil sonst die Wurzeln faulen.

ÜBERLEBENSSTRATEGIE

Weil die Anthurie gleichmäßige Luftfeuchtigkeit und Temperatur braucht, ist sie nicht ganz einfach. Zugluft nimmt sie übel, darum sollte sie nicht an offenen Türen oder Fenstern stehen. Regelmäßig einsprühen, um die Luftfeuchtigkeit zu erhöhen.

GRÖSSE

55 cm

STANDORT

Badezimmer

Asparagus densiflorus 'Myersii'

Meyers Zier-Spargel

Wegen seines fein gefiederten Laubs wird der Zier-Spargel manchmal mit einem Farn verwechselt. Die robuste Pflanze hat verdickte Wasserspeicherorgane an den Wurzeln, daher nimmt sie es nicht gleich übel, wenn sie einmal austrocknet. Auch Hitze und Zugluft machen ihr wenig aus. Gesunde Pflanzen bilden schnell ein duftiges Dickicht von bis zu 40 cm langen Wedeln, das einen schönen Hintergrund für andere Blatt- oder Blütenpflanzen abgibt. Noch zarter und leicht asiatisch sieht *A. setaceus* aus. Die Jungpflanzen sind klein und buschig, mit dem Alter outen sie sich aber als Kletterpflanzen und bilden Triebe von bis zu 3 m Länge. Wer wenig Platz hat, ist mit der kompakten Sorte *A. setaceus* 'Nanus' gut beraten.

A. setaceus

LICHT
Helles Licht, aber keine direkte Sonne.

TEMPERATUR
Ideal sind 16–21 °C, gedeiht aber noch bei etwa 7 °C. *A. setaceus* hat es im Winter gern wärmer (13 °C).

WASSER
A. densiflorus und *A. setaceus* im Sommer reichlich gießen. Das Substrat soll immer feucht, aber nicht nass sein. Im Winter nur gerade feucht halten. Wenn *A. setaceus* zu trocken steht, verfärben sich die feinen Blättchen schnell braun.

ÜBERLEBENSSTRATEGIE
Bei Nährstoffmangel werden die Pflanzen hell und blass, darum sollten sie im Sommer regelmäßig gedüngt werden. Wenn eine Pflanze ihren Topf ausfüllt (oder Sie gerne Nachwuchs von ihr hätten), teilen Sie das Wurzelgewirr im Frühling und pflanzen die Teilstücke separat ein.

GRÖSSE
50 cm

STANDORT
Badezimmer, Hängeampel

Aspidistra elatior

Schusterpalme

Die Schusterpalme ist schon fast ein Opfer ihres eigenen Erfolgs. Weil sie so anspruchslos ist, vegetieren viele Exemplare in einer düsteren Ecke vor sich hin – verstaubt und knochentrocken, aber am Leben. Gibt man der Pflanze gutes Substrat und regelmäßig Dünger, dankt sie die Pflege mit eindrucksvollen dunkelgrünen, gesunden Blättern. Es gibt auch eine panaschierte Form, die aber nur bei gutem Licht eine ausgeprägte Zeichnung entwickelt.

A. elatior 'Variegata'

LICHT
Die Schusterpalme kommt zwar mit wenig Licht aus, gedeiht aber besser im Hellen. Pralle Sonne mag sie nicht.

TEMPERATUR
Verträgt Temperaturen bis knapp über dem Gefrierpunkt, fühlt sich aber bei Zimmertemperatur (18–24 °C) wohler.

WASSER
Das Substrat leicht feucht halten und während der Wachstumsphase im Sommer regelmäßig gießen. Braune Flecken auf den Blättern sind ein Zeichen für zu reichliches Gießen.

ÜBERLEBENSSTRATEGIE
Die Pflanze gedeiht auch bei minimaler Pflege gut. Die Blätter gelegentlich mit einem feuchten Tuch sauber wischen. Im Sommer alle 3 Wochen mit einem ausgewogenen Flüssigdünger versorgen.

GRÖSSE
80 cm

STANDORT
minimalistische Wohnungen, schattige Flure

Asplenium nidus

Vogel-Nestfarn

Dieser Farn tarnt sich gut, denn im Gegensatz zu anderen Arten sind seine Blätter nicht gefiedert, sondern haben eine geschlossene Fläche, oft mit gewellten Rändern. Die jungen hellgrünen Blätter entrollen sich jedoch in typischer Farnmanier. Sie bilden eine große Rosette, das »Nest«. Es kann einen Durchmesser von 1 m erreichen, meist aber bleibt es kleiner. Wegen ihrer schönen Form und der hellgrünen Färbung eignet sich die Pflanze gut für ein Dschungelambiente, vielleicht in Gesellschaft von *Calathea* und *Aspidistra*.

Junge Blätter entrollen sich in der Mitte.

LICHT
In direkter Sonne verbrennen die Blätter. Halbschatten ist ideal.

TEMPERATUR
Im Winter mindestens 13 °C; besser ist es, den Nestfarn ganzjährig bei 18–20 °C zu halten.

WASSER
Während der Wachstumsperiode reichlich gießen. Im Winter, wenn die Pflanze nicht wächst, braucht das Substrat nur eben feucht zu sein.

ÜBERLEBENSSTRATEGIE
Die jungen Blätter sind recht empfindlich und verbrennen bei direkter Sonnenbestrahlung. Während des Wachstums alle 3 Wochen einen ausgewogenen Flüssigdünger geben. In den kühleren Wintermonaten wächst die Pflanze nicht und braucht keinen Dünger.

GRÖSSE
40 cm

STANDORT
helle Küche

Show time | Starke Formen

Dracaena marginata, ***S.76–77***

Um pflanzen sprechen zu lassen, braucht man keine Blüten. Manche blühen in der Wohnung nie, haben dafür aber Stiele oder Blätter in ausdrucksvollen Formen zu bieten. Einige Arten haben eine geradezu architektonische Statur. Mit solchen Gewächsen lässt sich schnell und ohne große Mühe ein beeindruckender Blickfang schaffen.

Euphorbia trigona, **S.82**

Isolepis cernua, **S.105**

Agave attenuata, **S.23**

Begonia Rex-Hybride 'Fireworks'

Königs-Begonie

Begonien gibt es für jeden Zweck und Geschmack. Das Spektrum reicht von bunt blühenden Hybriden bis zu edlen Vertretern mit farbigem Laub, von 2–3 cm kleinen Zwergen bis zu Arten, die über 1 m hoch werden. Die Königs-Begonien prunken vor allem mit ihren Blättern. Viele haben einen behaarten Stiel, sind geädert oder tragen ein lebhaftes Muster in Silber, Violett, Grün oder Rot. Ob man sie als Blüh- oder Blattpflanzen betrachtet, diese Gruppe lohnt einen zweiten Blick.

BLATTSTECKLINGE Ein Blatt mit 2,5 cm langem Stiel auf das Substrat legen und feststecken. Mit Klarsichtfolie abdecken, um die Luftfeuchtigkeit zu erhöhen.

LICHT
Die meisten Begonien brauchen viel Helligkeit, aber keine pralle Sonne.

TEMPERATUR
So groß die Vielfalt ist: Alle Begonien brauchen Temperaturen zwischen 18 und 21 °C.

WASSER
Pflanzen mit sehr dichten oder behaarten Blättern am besten von unten gießen, um Fäulnis zu verhindern.

ÜBERLEBENSSTRATEGIE
Verwelkte Blüten entfernen. Bleiben sie auf den Blättern liegen, verursachen sie Fäulnis. Manche Arten sind anfällig für Mehltau, wenn sie durch Zugluft oder Hitze geschwächt sind. Befallene Blätter werden entfernt, dann kann ein Fungizid angewendet werden.

GRÖSSE
35 cm

STANDORT
Wohnbereich

Weitere Arten

B. hatacoa 'Silver' Kompakt mit kühler Ausstrahlung, zu der die weißen Blüten beitragen. Mehltau schwer erkennbar. Bis 30 cm hoch.

B. 'Rieger Hybrid'. Wertvoller Winterblüher (Herbst bis Spätfrühling) in verschiedenen Farben, aber anfällig für Mehltau. Bis 40 cm.

B. benichoma Auffallende, mehltauresistente Art mit mehrfach geteilten Blättern an langen, aufrechten Stielen. 40–50 cm hoch.

◁ *B.* 'Red Robin'. Gerippte, gekräuselte und behaarte Blätter. Gutes Licht begünstigt eine intensive Färbung. Bis 25 cm.

Billbergia nutans 'Variegata'

Zimmerhafer

Es gibt verschiedene *Billbergia*-Arten, die im Zimmer gedeihen, doch diese ist besonders robust und unkompliziert. Die graugrünen überhängenden Blätter von etwa 30 cm Länge bilden stattliche Horste. Die Blüten in einer interessanten Mischung aus Rosa, Blau und gelblichem Grün hängen unter langen, kräftig rosa gefärbten Hochblättern. Wenn die Pflanze warm steht und reichlich Wasser bekommt, blüht sie nahezu ganzjährig, besonders reich aber im Spätfrühling und Sommer.

LICHT
Damit der Zimmerhafer reich blüht, sollte er hell stehen und auch einige Sonnenstunden am Tag bekommen.

TEMPERATUR
Verträgt Temperaturen bis 4 °C, braucht zur zuverlässigen Blütenbildung aber ganzjährig 18–24 °C.

WASSER
Regelmäßig mit weichem Wasser gießen, zwischendurch das Substrat antrocknen lassen. Die Pflanze wächst fast durchgehend und sollte alle 14 Tage mit ausgewogenem Flüssigdünger in doppelter Verdünnung versorgt werden.

ÜBERLEBENSSTRATEGIE
Die bescheidene Pflanze verlangt nicht mehr als einen hellen Platz, regelmäßig Wasser und etwas Dünger. Das Wurzelsystem ist klein, darum kommen auch große Pflanzen mit kleinen Töpfen zurecht. Umgetopft wird im Frühling in ein Fertigsubstrat für Bromelien.

GRÖSSE
55 cm

STANDORT
heller Wohnbereich

Bougainvillea x *buttiana*-Hybriden

Bougainvillee

Überlässt man diese wüchsige Kletterpflanze sich selbst, wird sie in freier Natur in warmen Ländern sehr groß. Selbst in Kübeln und bei regelmäßigem Rückschnitt kann sie 1,5 m hoch werden. Die Stacheln der langen Triebe halten sich an jeder verfügbaren Stütze fest. Die Blüten sind unscheinbar, doch die leuchtenden Hochblätter (in Weiß, Pink oder Rot) sind im Sommer eine Augenweide. *B. glabra* blüht nahezu ganzjährig, *B. × buttiana* legt im Winter eine Ruhezeit ein. Leider erfährt man beim Kauf selten, um welche Form es sich handelt. Wer seiner Bougainvillee im Winter eine Ruhezeit gönnt, kann aber nicht viel falsch machen.

B. glabra 'Alexandra'

LICHT
Zur reichlichen Blütenbildung braucht die Pflanze sehr viel Licht – am besten ganzjährig volle Sonne.

TEMPERATUR
Liebt warme Sommer (25 °C), aber keine trockene Hitze; ganzjährig 18–24 °C sind durchaus in Ordnung.

WASSER
Während der Wachstumsperiode im Sommer reichlich gießen, im Winter das Substrat nur eben feucht halten. Keinesfalls ertränken! Ab Spätfrühling alle 2 Wochen mit Flüssigdünger versorgen. Bei jedem dritten Gießen einen kaliumreichen Tomatendünger verwenden.

ÜBERLEBENSSTRATEGIE
Wenn sich die Hochblätter zu färben beginnen, sollte die Pflanze aus der Sonne genommen werden, damit die Pracht länger hält. Lange Triebe um eine Rankhilfe biegen, um die Blütenbildung anzuregen. Im Herbst Seitentriebe auf 2–3 Knospen zurückschneiden.

GRÖSSE
45 cm

STANDORT
Wintergarten

Brugmansia × candida

Engelstrompete

Die eindrucksvolle, stattliche Pflanze ist auch noch unter ihrem alten Namen *Datura* bekannt. Die riesigen Blüten duften vor allem abends betörend, weil sie in ihrer Heimat Südamerika von Nachtfaltern bestäubt werden. Angeblich soll der Duft sogar Rauschzustände verursachen können. Wegen ihrer Größe ist die Pflanze für kleine Räume nicht geeignet, im Wintergarten schafft sie mit ihren riesigen Blättern und den verzweigten Trieben jedoch Dschungel-Atmosphäre. Anfällig für Spinnmilben und Weiße Fliege.

LICHT

Damit die Pflanze gut wächst und blüht, braucht sie reichlich Licht.

TEMPERATUR

Kann bei 4 °C überwintert werden,anderenfalls sind ganzjährig 16–25 °C ideal.

WASSER

Die durstige Pflanze braucht im Sommer in einem warmen Wintergarten täglich Wasser. Bei Überwinterung in einem kühlen Raum kann das Gießen stark reduziert werden. Erst wenn sie im Frühling wieder austreibt, mehr Wasser geben.

ÜBERLEBENSSTRATEGIE

Damit die Pflanze nicht zu groß wird, die Triebe im Spätherbst auf die Hälfte zurückschneiden. Entweder trocken und kühl überwintern oder warm stellen und regelmäßig gießen, damit sie wieder austreibt. Im Sommer regelmäßig mit Universal-Flüssigdünger versorgen.

GRÖSSE

bis über 3 m

STANDORT

Wintergarten, heller Wohnraum

Caladium bicolor 'White Christmas'

Kaladie

Die papierartig dünnen, fast durchsichtigen Blätter der weiß panaschierten Arten wirken so ätherisch wie Engelsflügel. Blätter mit einem höheren Grün- und Rotanteil sind nicht ganz so elegant, aber unempfindlicher. Die Kaladie ist sensibel. Sie braucht hohe Luftfeuchtigkeit und gleichmäßige Wärme, Zugluft nimmt sie übel. Weil sie so attraktiv ist, könnte man sie aber als kurzlebige Dekoration verwenden und wegwerfen, wenn sie ihre beste Zeit hinter sich hat.

C. bicolor 'Rosebud'

LICHT
Helles, gefiltertes oder reflektiertes Licht ist ideal, direktes Sonnenlicht verbrennt die Blätter schnell.

TEMPERATUR
Braucht während des Wachstums gleichmäßige Wärme um 20–23 °C.

WASSER
Während des Wachstums muss das Substrat feucht gehalten werden. Um die Luftfeuchtigkeit zu erhöhen, auf einen Untersetzer mit feuchten Kieseln stellen oder regelmäßig sprühen. Im Sommer mit Universal-Flüssigdünger in doppelter Verdünnung versorgen.

ÜBERLEBENSSTRATEGIE
Die Kaladie ist ein Knollengewächs, das im Herbst das Laub einzieht und eine Ruhephase einlegt. Die Knollen dunkel bei etwa 16 °C überwintern und nur eben feucht halten. Im Frühling wieder einpflanzen und warm stellen (20–22 °C), um den Austrieb anzuregen.

GRÖSSE
65 cm

STANDORT
helles Badezimmer

Calathea makoyana

Korbmaranthe

Korbmaranthen sind nicht ganz anspruchslos, überfordern einen Pflanzenfan aber auch nicht. Ihr Reiz beruht auf den schönen Blattäderungen und -mustern und den dunklen Blattunterseiten. Manche Blätter wirken wie durchsichtige Spitze, andere sind robuster und grob gemustert. Zu mehreren in Gruppen sehen sie großartig aus, man kann sie aber auch mit Farnen oder anderen Schattenliebhabern kombinieren oder als Hintergrund für blühende Pflanzen verwenden. Mit Ausnahme von *C. crocata* tragen sie nur unscheinbare Blüten und blühen im Haus fast nie.

Interessante Blattzeichnung

LICHT
Helles, gefiltertes Licht, aber keine direkte Sonnenbestrahlung.

TEMPERATUR
Im Idealfall ganzjährig bei etwa 20 °C halten. Auch im Winter keine niedrigere Temperatur.

WASSER
Regelmäßig mit weichem Wasser gießen. Im Sommer das Substrat feucht – aber nicht nass – halten. Wenn sich das Wachstum verlangsamt, weniger Wasser geben. Die Luftfeuchtigkeit muss möglichst hoch sein, vor allem bei höheren Temperaturen.

ÜBERLEBENSSTRATEGIE
Die Pflanze ist zugempfindlich. Wenn die Blätter staubig sind, die Pflanze kopfüber in einer Schüssel mit lauwarmem Wasser abwaschen. Trockene Hitze vertragen Maranthen nicht. Schützt man sie vor direktem Sonnenlicht und hält die Wurzeln feucht, gedeihen sie aber gut.

GRÖSSE
55 cm

STANDORT
Badezimmer, schattiger Wohnbereich

Weitere Arten

C. 'Blue Grass' trägt trotz ihres Namens üppige Blätter in frischem Grün. Für schattige Standorte mit hoher Luftfeuchtigkeit.

C. crocata braucht Wärme und feuchte Luft, bildet aber sehr dekorative Blüten über dem dunklen Laub mit violetter Unterseite.

C. majestica kommt mit wenig Licht aus. Die kräftigen, schwärzlich-grünen Blätter haben feine Streifen in Weiß oder Rosa.

◁ *C. rufibarba* bildet dichte, aufrechte Horste aus rotgrünen, gewellten Blättern. Bei trockener Luft auf Spinnmilben achten.

Callisia repens

Callisia

Die Blätter der hübschen, kleinen Pflanze ähneln denen der Tradescantia, mit der sie verwandt ist. Mit ihren bis zu 50 cm langen Trieben sieht sie für sich allein gut aus, kann aber auch in größeren Töpfen zum Abdecken des Substrats verwendet werden. Auch als Bodendecker in Wintergartenbeeten eignet sie sich. Im Spätsommer trägt sie kleine weiße Blüten. *C. elegans* hat etwas größere Blätter mit weißen Streifen.

LICHT

Braucht viel Helligkeit und dankt einige Stunden Morgen- oder Spätnachmittagssonne.

TEMPERATUR

Am besten bei Zimmertemperatur (18–24 °C) halten, im Winter nicht kälter als 10 °C.

WASSER

Während des Wachstums das Substrat feucht halten. In der Ruhephase im Winter sollte das Substrat zwischen den Wassergaben antrocknen. Alle 14 Tage mit Universal-Flüssigdünger in doppelter Verdünnung versorgen.

ÜBERLEBENSSTRATEGIE

Wenn die Triebe verkahlen, kann die Pflanze einfach gestutzt werden. Ein Haarschnitt mit der Schere regt die Bildung neuer Triebe an und verjüngt ältere Pflanzen. Die abgeschnittenen Triebspitzen bewurzeln an einem schattigen Platz in feuchter Anzuchterde schnell.

GRÖSSE

25 cm

STANDORT

Ost- oder Westfenster

Camellia japonica 'Mary Williams'
Kamelie

Der stattliche, immergrüne, verholzende Strauch hat glänzend dunkelgrüne, ledrige Blätter, vor denen sich die großen, eleganten Blüten ausgezeichnet abheben. Es gibt Arten mit ungefüllten und gefüllten Blüten in Weiß, Rosa und Karminrot, die im Spätwinter und Frühling erscheinen. Wenn der Strauch für die Wohnung zu groß wird, kann er in kalkfreie Erde in den Garten gepflanzt werden. Die Bildung der Blütenknospen beginnt zwischen Hochsommer und Frühherbst. Von dieser Phase an darf das Substrat nicht mehr austrocknen, sonst fallen die Knospen ab, ehe sie sich öffnen. Kamelien haben es gern kühl. In warmer Umgebung verwelken die Blüten schneller und die Triebe werden lang und dürr.

C. japonica 'Lovelight'

C. japonica 'Jupiter'

LICHT
Braucht Helligkeit, verträgt aber kein direktes Sonnenlicht.

TEMPERATUR
Die ideale Temperatur liegt bei 16–21 °C im Sommer und 10–16 °C im Winter. Einige Sorten vertragen Frost bis -5 °C.

WASSER
Mit weichem Wasser gießen. Im Winter das Substrat nur leicht feucht halten, im Sommer reichlicher gießen. Nach der Blüte bis zum Spätsommer mit einem Flüssigdünger für kalkempfindliche Pflanzen versorgen.

ÜBERLEBENSSTRATEGIE
Kamelien dürfen nur in kalkfreies, so genanntes Moorbeet-Substrat gepflanzt werden. Nach der Blüte können sie zurückgeschnitten werden. Dunkle, schmierige Flecken auf den Blättern deuten auf Befall mit Blattläusen oder Schildläusen hin (*s. Seite 187*).

GRÖSSE
90 cm

STANDORT
kühler, heller Flur

Campanula isophylla

Stern-Glockenblume

Nur wenige Ampelpflanzen können mit der Blütenfülle dieser blau oder weiß blühenden Glockenblumen mithalten. Im Frühling und Sommer sitzen die Pflanzen voller Knospen, die, nachdem sie erblüht sind, das ganze Laub verdecken können. Aber Vorsicht: In heißen Sommern können die Blüten verblassen und die Pflanzen überlange, dürre Triebe bilden. Nach der Blüte in ein kühles Winterquartier stellen, etwa ein kaltes Gewächshaus oder einen ungeheizten Wintergarten.

LICHT
Braucht Helligkeit damit die Pflanzen kompakt bleiben, direkte Sonne vermeiden.

TEMPERATUR
Kalte Überwinterung bei 2–10 °C ist für eine gute Blütenbildung wichtig.

WASSER
Im Sommer regelmäßig gießen. Das Substrat feucht, aber nicht nass halten; im Winter nur eben feucht halten. Immer von unten gießen. Während der Blütezeit alle 14 Tage mit Universal-Flüssigdünger versorgen. Nach der Blüte nicht mehr düngen.

ÜBERLEBENSSTRATEGIE
Verwelkte Blüten abzupfen, um Fäulnis zu verhindern und die Bildung weiterer Blüten anzuregen. Im dichten Gewirr der Triebe können sich Pilzkrankheiten wie Falscher Mehltau ausbreiten, wenn die Pflanze im Winter zu feucht gehalten wird oder die Belüftung nicht ausreicht.

GRÖSSE
30 cm

STANDORT
Ostfenster

Capsicum annuum Conioides-Gruppe

Spitz-Paprika

Die Zierformen des Paprika haben dekorative und haltbare fleischige Früchte – mal spitz, mal rund – in Creme, Gelb, Orange, Rot oder Violett. Weil sich die Farben während der Reifung verändern, sehen die Pflanzen fröhlich bunt aus. Die kleinen weißen Blüten sind unscheinbar. Die Pflanzen sind einjährig und werden weggeworfen, wenn die Früchte vertrocknen. Man kann sie aber aus Samen heranziehen. Alle brauchen Wärme und viel Licht.

C. annuum Cerasiforme-Gruppe (Zier-Paprika)

LICHT
Gutes Licht und gelegentlich Sonne ist wichtig – und im Winter nicht immer zu gewährleisten.

TEMPERATUR
Zimmertemperatur (18–24 °C) ist empfehlenswert, die Früchte halten bei kühlen Temperaturen aber länger.

WASSER
Die Pflanze niemals austrocknen lassen. Das Substrat feucht halten, den Topf aber nicht im Wasser stehen lassen. Alle 14 Tage mit einem Universaldünger versorgen.

ÜBERLEBENSSTRATEGIE
Wenn die Früchte abfallen, steht die Pflanze vielleicht zu dunkel oder hat Zug bekommen. Es kann auch sein, dass das Substrat ausgetrocknet ist – oder allzu nass war.

GRÖSSE
30 cm

STANDORT
helle, warme Küchenfensterbank

Alocasia x *amazonica*, ***S.25;*** *Calathea* 'Blue Grass', ***S.40–41***

PFLANZEN HABEN SICH im Lauf der Evolution ihren natürlichen Lebensräumen angepasst. Behaarte Blätter schützen vor Hitze, Kälte oder schädlichen Insekten. Dickfleischige Blätter widerstehen Trockenheit. Lockern Sie strenge Konturen mit duftigen Farnen auf, setzen Sie geraden Linien runzlige Blätter entgegen oder bringen Sie mit grün schimmernden Blättern Glanz in die Wohnung.

Sedum morganianum, ***S.150***

Gynura aurantiaca, ***S.94***

Selaginella martensii 'Watsoniana', ***S.151***

Davallia canariensis, ***S.70***; *Asparagus setaceus*, ***S.29***

Caryota mitis

Fischschwanz-palme

Diese Palme sieht eigentümlich aus, fast als hätten sich ihre Blätter nicht vollständig entfaltet oder als hätten Insekten daran geknabbert. Weil sie sich auch im Habitus von anderen Palmen unterscheidet, sorgt sie sicher für Gesprächsstoff, auch wenn manche Leute behaupten, dass sie nicht zu den hübschesten Gewächsen gehört. Größere Exemplare besitzen aber zumindest eine interessante, fast finstere Präsenz. Die Palme wächst langsam. Wer eine stattliche Pflanze sucht, sollte lieber ein großes Exemplar kaufen, statt zu warten, dass ein kleines heranwächst. Die Fischschwanzpalme ist ein guter Schattenspender für Calatheen, die diffuses Licht und ähnlich hohe Luftfeuchtigkeit brauchen.

LICHT
Möglichst hell stellen, aber nicht in die pralle Sonne.

TEMPERATUR
Braucht ganzjährig mindestens 15 °C, kann aber in milden Gegenden im Sommer auch ins Freie gestellt werden.

WASSER
Im Sommer, wenn Licht und Temperatur gut sind, reichlich gießen. Im Winter verlangsamt sich das Wachstum und die Pflanze braucht weniger Wasser, sodass das Substrat zwischen den Wassergaben antrocknen sollte.

ÜBERLEBENSSTRATEGIE
Weil die Pflanze in Burma und Malaysia heimisch ist, liegt nahe, dass sie es gern warm und feucht hat. Um die Luftfeuchtigkeit zu erhöhen, sollte man sie auf einen Untersetzer mit feuchten Kieselsteinen stellen (*s. Seite 178*).

GRÖSSE
1,7 m

STANDORT
luftiger Wohnbereich

Ceropegia linearis subsp. *woodii*

Leuchterblume

Eine besondere Pflanze! Aus der Ferne nimmt man oft nur die bis zu 2 m langen, drahtigen hängenden Triebe mit den kleinen, herzförmigen Blättern in silbrigem Graugrün wahr. Tritt man näher, stehen die Dinge anders. Die Oberseiten der fleischigen, seegrünen Blätter tragen ein grauviolettes Muster und ihre Unterseiten haben ein sanftes Rosaviolett. Aus den kleinen, zierlich geformten Blüten entwickeln sich zwei ungewöhnlich lange, nadelförmige Samenkapseln.

Im Sommer erscheinen die 1–2 cm langen Blüten.

LICHT
Braucht reichlich direktes Licht, sonst bleibt die Blattfärbung blass und die Stiele verkahlen.

TEMPERATUR
Zimmertemperatur (18–24 °C) genügt; im Winter nicht kälter als 8 °C.

WASSER
Während des Wachstums das Substrat feucht halten. Im Winter gerade genug gießen, dass die Pflanze nicht vertrocknet; keinesfalls zu großzügig wässern. In den Sommermonaten alle 14 Tage mit einem Universal-Flüssigdünger versorgen.

ÜBERLEBENSSTRATEGIE
Die problemlose Pflanze mag direktes Sonnenlicht. Sie sollte während der Wachstumsperiode feucht gehalten werden, nimmt aber gelegentliche Wurzeltrockenheit nicht übel. Die kleinen Knöllchen, die sich an den Trieben bilden, können zur Vermehrung verwendet werden.

GRÖSSE
60 cm

STANDORT
Hängeampel, sonniges Regal

Chamaedorea elegans

Bergpalme

Diese Palme sieht man häufig in Wintergärten, Hotelfoyers und Empfangsbereichen von Bürohäusern. Das lässt darauf schließen, dass sie robust und pflegeleicht ist. Die Palme hat mehrere Stiele, die mit dem Alter dicker werden und sich leicht biegen, aber selten höher als 1,5 m werden. Gelegentlich bildet sie unscheinbare gelbe Blüten. Die Pflanze ist anspruchslos. Nur bei sehr trockener Luft und direkter Sonnenbestrahlung färben sich die Blattspitzen braun. Im Sommer im Wintergarten für gute Lüftung sorgen, um Überhitzung zu vermeiden.

LICHT

Verträgt Schatten, entwickelt sich aber im hellen, diffusen Licht besser. Keine pralle Sonne.

TEMPERATUR

Im Winter mindestens 16 °C, ansonsten ist normale Zimmertemperatur (18–24 °C) empfehlenswert.

WASSER

Im Sommer reichlich gießen, sodass das Substrat immer feucht ist. In den kühleren Wintermonaten erst wässern, wenn sich die Substratoberfläche trocken anfühlt.

ÜBERLEBENSSTRATEGIE

Während der Wachstumsphase alle 14 Tage mit einem Universal-Flüssigdünger versorgen. Die Bergpalme verträgt zwar vorübergehend trockene Luft, dankt es aber, wenn sie auf einem großen Untersetzer mit feuchten Kieseln steht und gelegentlich eingenebelt wird.

GRÖSSE

65 cm

STANDORT

Flur oder Treppenhaus

Chamaerops humilis

Zwergpalme

Diese Palme ist hart im Nehmen. Die steifen, spitzen Fächerblätter sehen besonders schön aus, wenn sie sich entfalten. Die Palme wächst langsam und bildet entweder einen einzelnen Stamm oder mehrere dicht beieinander stehende Stiele. Mit der Zeit kann sie eine Höhe von 1,2 m erreichen, was für manche Räume zu viel ist. Sie verträgt aber, sofern sie trocken gehalten wird, einige Minusgrade und fühlt sich im Sommer auch im Freien in voller Sonne wohl.

MANIKÜRE Zu große Hitze oder Wurzeltrockenheit können zu braunen Blattspitzen führen. Sie können einfach mit der Schere abgeschnitten werden, damit die Pflanze immer perfekt aussieht.

LICHT
Rund ums Jahr so viel Licht wie möglich.

TEMPERATUR
Verträgt leichten Frost. Ideal sind aber Temperaturen von 8–10 °C im Winter und 15–24 °C im Sommer.

WASSER
Im Sommer regelmäßig gießen und das Substrat feucht halten. Im Winter stellt sie das Wachstum ein. Dann sollte das Substrat zwischen den sparsamen Wassergaben austrocknen.

ÜBERLEBENSSTRATEGIE
Die pflegeleichte Palme gedeiht im Zimmer gut, sofern sie in einem lockeren, durchlässigen Substrat steht und nicht zu viel Wasser bekommt.

GRÖSSE
85 cm

STANDORT
heller Flur, luftiger Wintergarten

Chlorophytum comosum 'Vittatum'

Grünlilie

Dies ist seit jeher eine der meistgeliebten – und meistvernachlässigten – Zimmerpflanzen. Wen wundert's, denn sie nimmt stiefmütterliche Behandlung nicht übel und verträgt sogar Schatten. Bei etwas Pflege sieht sie allerdings um Längen besser aus als die müden Artgenossen, die in dunklen Ecken vegetieren. Die überhängenden gelben Stiele mit den kleinen, weißen Blüten und den Kaskaden aus Jungpflanzen sind ein zusätzlicher Bonus.

LICHT

Im Winter möglichst hell stellen, um die Blattfärbung zu erhalten. Pralle Sonne vermeiden.

TEMPERATUR

Normale Zimmertemperatur (18–24 °C) ist empfehlenswert. Im Winter nicht unter 8 °C.

WASSER

Während der Wachstumsperiode von Frühling bis Herbst das Substrat immer feucht halten. Während der Winterruhe sparsam gießen und das Substrat zwischen den Wassergaben antrocknen lassen. Im Sommer alle 14 Tage mit Universal-Flüssigdünger versorgen.

ÜBERLEBENSSTRATEGIE

Geknickte Blätter sollten mit einer Schere an der Basis abgeschnitten werden. Braune Blattspitzen zeigen an, dass Luft oder Substrat zu trocken sind. Sie können ebenfalls abgeschnitten werden. Wenn sich an der Substratoberfläche fleischige Wurzeln zeigen, ist es Zeit zum Umtopfen.

GRÖSSE

50 cm

STANDORT

Säule oder Blumenhocker, schattiger Wohnbereich

Chrysanthemum-Sorten

Chrysantheme

Topf-Chrysanthemen eignen sich gut als vorübergehender, farbenfroher Raumschmuck. Es gibt sie in so vielen Farben, dass sich für jede Einrichtung eine passende finden lässt. Die Pflanzen sind unkompliziert und blühen lange. Nach dem Verwelken werden sie weggeworfen. Junge Pflanzen sind meist gestutzt und mit einem Präparat behandelt, das sie gedrungen hält. Lässt die Wirkung des Produktes nach, werden sie wesentlich höher. Ältere Pflanzen können bei mildem Wetter auch in den Garten gesetzt werden.

C. 'Zuki'

LICHT
Damit die Pflanze gesund bleibt und sich die Knospen öffnen, braucht sie Licht. Pralle Sonne vermeiden.

TEMPERATUR
Im warmen Zimmer öffnen sich die Knospen rasch und verblühen schnell. Ideal sind 13–15 °C.

WASSER
Chrysanthemen werden oft zu mehreren in einen Topf gepflanzt. Das bedeutet aber, dass sie reichlich Wasser brauchen. Am besten taucht man den Topf regelmäßig in Wasser, um zu vermeiden, dass Wasser zwischen die dichten Blätter gelangt und Fäulnis verursacht.

ÜBERLEBENSSTRATEGIE
Diese kurzlebigen Hausgäste brauchen nicht gedüngt zu werden. Verwelkte Blüten werden entfernt, damit sich weitere Knospen öffnen und Krankheitsbefall vermieden wird.

GRÖSSE
35 cm

STANDORT
kühle Räume im ländlichen Stil

Cissus rhombifolia 'Ellen Danica'

Zimmerrebe

Diese Kletterpflanze hält sich mit Ranken fest und erreicht an einer Stütze leicht 2 m Höhe. Verzichtet man auf die Stütze, hängen die Triebe locker herab. Die jungen Blätter haben durch ihre feine Behaarung einen silbrig-olivgrünen Schimmer. Ältere Blätter sind glatt und glänzen dunkelgrün. Die unkomplizierte Pflanze kommt mit den meisten Lebensbedingungen zurecht.

LICHT

Damit die Pflanze dicht und kompakt wächst, sollte sie einen hellen Platz bekommen.

TEMPERATUR

Bei normaler Zimmertemperatur (18–24 °C) halten, im Winter nicht unter 12 °C.

WASSER

Während des Wachstums im Frühling und Sommer regelmäßig gießen. Bei niedrigeren Wintertemperaturen die Wassermenge reduzieren. Pflanzen, die in warmen Räumen stehen, brauchen auch im Winter mehr Wasser.

ÜBERLEBENSSTRATEGIE

Im Frühling wird die Pflanze zurückgeschnitten. Einzelne, allzu lange Triebe können aber jederzeit gekürzt werden. Damit die Pflanze ordentlich aussieht, werden die Triebe regelmäßig angebunden. Im Sommer monatlich mit Universal-Flüssigdünger versorgen, im Winter nicht düngen.

GRÖSSE

90 cm

STANDORT

kühler Wintergarten

x *Citrofortunella microcarpa* syn. *Citrofortunella mitis*

Calamondin-Orange

Dies ist eine der unkompliziertesten Zitrusarten, die mit großer Wahrscheinlichkeit auch in der Wohnung Früchte trägt. Es macht besonderen Spaß, Pflanzen zu halten, die nicht nur gut aussehen und schön duften, sondern auch essbare Früchte tragen. Sie sind recht herb und eignen sich bestenfalls für Marmelade – und doch ist eine eigene Ernte ungemein befriedigend. Die duftenden Blüten erscheinen im Frühling. Sie sind selbstbestäubend, doch wenn keine Insekten unterwegs sind, sollten Sie mit dem Pinsel nachhelfen. Vom Frühsommer bis zum Herbst fühlt sich die Pflanze an einem windgeschützten Platz im Freien wohl. Kalte Nächte verträgt sie aber nicht.

GUT IN FORM Damit die Pflanze kompakt wächst, werden im Frühling vor der Blüte die Seitentriebe und Triebspitzen um ein Drittel gekürzt. Schneiden Sie direkt über einem Auge.

LICHT
Helles Licht ist wichtig für die Gesundheit der Pflanze und einen reichen Blütenansatz.

TEMPERATUR
Im Sommer sind 22–25 °C ideal, im Winter nicht unter 14 °C. Bei Hitze ist hohe Luftfeuchtigkeit wichtig.

WASSER
Während der Wachstumsperiode regelmäßig gießen. Bei niedrigen Wintertemperaturen das Substrat zwischen den Wassergaben antrocknen lassen. Im Frühling und Frühsommer mit einem stickstoffreichen Dünger versorgen, danach flüssigen Universaldünger geben.

ÜBERLEBENSSTRATEGIE
Nur gesunde Pflanzen tragen reichlich Früchte. Voraussetzungen dafür sind ein nahrhaftes Substrat, regelmäßige Düngung, Wärme und hohe Luftfeuchtigkeit. Alle Zitrusarten nehmen Zugluft übel und werfen die Blätter ab. Auch bei zu viel oder zu wenig Wasser können Blätter fallen.

GRÖSSE
60 cm

STANDORT
Wintergarten

Clivia miniata

Zimmer-Clivie

Dies ist eine robuste Immergrüne mit kräftigen, riemenförmigen Blättern in dunkel glänzendem Grün. Im ausgehenden Winter oder zeitigen Frühling schiebt sich ein dicker Stiel mit einem rundlichen Blütenstand aus 15 oder mehr Einzelblüten in warmem Orange, Gelb oder Apricot in die Höhe. Clivien mögen enge Töpfe. Es macht gar nichts, wenn sich Wurzeln an der Substratoberfläche zeigen. Erst wenn die Wurzelmasse die Pflanze aus dem Topf hebt, wird umgetopft. Weil überfüllte Töpfe sich schwer gießen lassen, taucht man sie am besten in Wasser.

Die Staubbeutel platzen und der Pollen tritt aus.

LICHT

Clivien brauchen ganzjährig einen hellen Standort, vertragen aber keine sommerliche Mittagssonne.

TEMPERATUR

Bevorzugt kühle Sommer um 18 °C und eine Ruheperiode im Winter bei 7–8 °C.

WASSER

Während der Wachstumsperiode das Substrat feucht, aber nicht nass halten. Im Winter nur minimal gießen. Im Wachstum, also zur Blütezeit düngen, um die Blütenbildung zu fördern. Im Spätsommer die Düngung einstellen.

ÜBERLEBENSSTRATEGIE

Die pflegeleichte Pflanze blüht zuverlässig, sofern sie im Frühwinter eine Ruhephase bekommt. Zwei Monate bei niedriger Temperatur (um 7 °C) und wenig Wasser entsprechen ihren natürlichen Lebensbedingungen und regen die Blütenbildung an.

GRÖSSE

70 cm

STANDORT

heller Wohnbereich

Codiaeum variegatum var. *pictum*

Wunderstrauch

Entweder man mag diese Pflanze – oder man verabscheut sie. Mit ihren exotisch gefärbten Blättern und der steifen Gestalt ist sie nicht jedermanns Sache. Die Blätter mit Zeichnung in leuchtendem Rot, Orange, Grün, Gelb und gelegentlich Violett zeigen eine erstaunliche Formenvielfalt. Manche sind lang und schmal, andere breit, tief gelappt oder verdreht. Wer genug Platz hat, sollte die Pflanze hoch werden lassen, damit ihre Statur ein Gegengewicht zu den Farben bildet.

C. variegatum var. *pictum* 'Gold Star'

C. variegatum var. *pictum* 'Frank Brown'

LICHT
Nur bei gutem Licht entwickeln sich kräftige Blattfarben. An einem sonnigen Platz stets feucht halten.

TEMPERATUR
Normale Zimmertemperatur (18–24 °C) ist empfehlenswert. Im Winter nicht unter 13–14 °C.

WASSER
An warmen Sommertagen reichlich gießen und das Substrat immer feucht, aber nicht nass halten. Im Winter nur sparsam gießen.

ÜBERLEBENSSTRATEGIE
Im Sommer alle 2 Wochen mit flüssigem Universaldünger versorgen. Im Frühling kann die Pflanze zurückgeschnitten werden. Aber Vorsicht: Der austretende Saft kann Haut- und Augenreizungen verursachen. Zugluft und trockene Luft verträgt der Wunderstrauch nicht.

GRÖSSE
65 cm

STANDORT
minimalistische Wohnungen

Cordyline australis

Keulenlilie

Diese vielseitige Pflanze kann im Haus und in gemäßigten Regionen im Sommer auch im Freien gehalten werden, muss aber frostfrei überwintern. Die Blätter sind braunviolett oder grün, manchmal auch mit weißer, roter oder gelber Zeichnung, und bilden eine fontänenartige Rosette. Kleinere Exemplare eignen sich als Zentrum einer Grünpflanzengruppe, größere fühlen sich im Wintergarten wohl und vertragen auch große Sommerhitze, wenn sie ausreichend Wasser bekommen.

C. terminalis 'Red Edge'

LICHT
C. australis mag keinen Schatten und sollte daher so hell wie möglich stehen. 2–3 Sonnenstunden pro Tag.

TEMPERATUR
Ideal ist normale Zimmertemperatur (18–24 °C), kann jedoch kälter – aber frostfrei – überwintert werden.

WASSER
Im Sommer feucht halten. Bei kühler Überwinterung nur so viel gießen, dass der Ballen nicht austrocknet.

ÜBERLEBENSSTRATEGIE
Eine unkomplizierte, pflegeleichte Pflanze. Ältere Blätter, die braun und schrumpelig werden, einfach abzupfen. Für eine schöne Blattfärbung sorgt regelmäßige Versorgung mit Universal-Flüssigdünger im Sommer.

GRÖSSE
60 cm

STANDORT
Wintergarten

Crassula ovata syn. *C. argentea*

Geldbaum

Dass man von dieser Art so viele sträflich vernachlässigte, aber lebende Exemplare sieht, lässt darauf schließen, dass sie ungemein robust ist. In ihren dicken Stielen und den fleischigen, oft mit einem dünnen roten Rand eingefassten Blättern speichert die Pflanze Wasser. So kann sie überleben, wenn sie einmal vergessen wird. Gelegentlich erscheinen im Herbst kleine weiße Blüten. Im Feng-Shui gilt sie als Symbol für Wohlstand und Lebensfreude. Braucht man bessere Gründe, sie zu halten? Wer für hohe Sukkulenten einen niedrigen Begleiter sucht, sollte die ebenfalls aus Südafrika stammende *C. socialis* wählen. Diese Art bildet dichte Matten aus fleischigen Rosetten von kaum 10 cm Höhe mit weißen Frühlingsblüten. Beide haben es gern ganzjährig hell und brauchen im Winter mindestens 6–7 °C.

C. socialis

MEHR FÜRS GELD Stecklinge bewurzeln zu jeder Jahreszeit. Einfach eine 5–10 cm lange Triebspitze in feuchtes Substrat stecken, an einen hellen (aber nicht sonnigen) Platz stellen und leicht feucht halten.

LICHT
Vor allem im Winter ist gutes Licht wichtig. Einige Sonnenstunden können nicht schaden.

TEMPERATUR
Günstig sind 18–24 °C. Bei schwachem Licht im Winter kühler stellen, sonst werden die Triebe dünn.

WASSER
Im Sommer das Substrat antrocknen lassen, dann gründlich durchfeuchten, aber nicht im Wasser stehen lassen. Im Winter nur gerade so viel Wasser geben, dass die Blätter nicht runzlig werden.

ÜBERLEBENSSTRATEGIE
Die Pflanze ist nicht unzerstörbar, nimmt aber gelegentliche Vernachlässigung nicht gleich übel. Zu viel Wasser ist ihr größter Feind. Die glänzenden Blätter sollten ab und zu entstaubt werden. Knipst man die Triebspitzen aus, verzweigt sich die Pflanze schön.

GRÖSSE
25 cm

STANDORT
Südfenster

Rhythmus!

Echeveria 'Duchess of Nuremberg', *S.79*

REGELMÄSSIG WIEDERHOLTE MUSTER haben einen Rhythmus, der Ruhe ausstrahlt, ohne dabei auf Kosten des Stils zu gehen. Durch die gezielte Auswahl von Pflanze, Topf und Position ergeben sich Gestaltungsmöglichkeiten für jeden Wohnstil. Zu ausdrucksvollen Pflanzen passen schlichte Töpfe am besten. Je größer die Zahl der wiederholten Elemente, desto eindrucksvoller ist die Wirkung.

Sansevieria trifasciata var. *laurentii*, **S.147**

Zamioculcas zamiifolia, **S.171**

Nephrolepis exaltata 'Bostoniensis', **S.120**

Ctenanthe oppenheimiana 'Tricolor'

Kammmaranthe

Der botanische Name leitet sich von den griechischen Wörtern »kteis« (Kamm) und »anthos« (Blüte) ab und beschreibt die Anordnung der Hochblätter. Beide Buchstaben am Wortanfang werden ausgesprochen. Die Pflanze mit dem komplizierten Namen hat interessantes Laub und wächst mit der Zeit zu einer buschigen Gestalt von etwa 1 m Höhe heran. Die langen, speerförmigen Blätter haben cremeweiß-grün gestreifte Oberseiten mit einem rosa Hauch, die Blattunterseiten sind kräftig rotviolett. Im Idealfall steht die Pflanze so, dass man die Blätter von allen Seiten sieht und sie einen Schatten auf die Wand werfen.

C. burle-marxii

LICHT

Braucht im Sommer helles, diffuses Licht. Im Winter so hell wie möglich stellen.

TEMPERATUR

Normale Zimmertemperatur (18–24 °C) ist empfehlenswert. Verträgt im Winter kurzzeitig 10–12 °C.

WASSER

Im Sommer sollte das Substrat immer feucht sein, im Winter dagegen recht trocken. Vor allem bei niedrigen Wintertemperaturen sehr sparsam gießen, sonst droht Wurzelfäule. Steht die Pflanze zu trocken, rollen sich die Blätter ein.

ÜBERLEBENSSTRATEGIE

Eine pflegeleichte Pflanze ohne besondere Ansprüche. Während des Wachstums alle 2 Wochen düngen, im Winter keine Nährstoffe geben. Bei trockener Luft können sich die Blätter einrollen. Regelmäßiges Einsprühen oder ein Untersetzer mit feuchten Kieseln schafft Abhilfe.

GRÖSSE

90 cm

STANDORT

heller Wohnbereich

Cuphea ignea 'Variegata'

Zigarettenblümchen

Eine bezaubernde, unkomplizierte kleine Pflanze mit verzweigten Stielen und kräftig grünen, panaschierten Blättern. Von Frühling bis Herbst trägt sie schlanke Röhrenblüten in Rot mit einem violetten und einem weißen Streifen an der Spitze: die »Zigarettenasche«. An einem sonnigen Standort wächst sie schön kompakt und trägt viele Blüten. Sie kann bis 60 cm hoch werden, sollte aber im Frühling gestutzt werden, damit sie buschig und kompakt bleibt. Nach einem kalten Winter sieht sie kümmerlich aus, treibt aber bald wieder.

LICHT
Das Zigarettenblümchen schätzt einen Platz in voller Sonne.

TEMPERATUR
Die Pflanze verträgt Überwinterungstemperaturen bis an die Frostgrenze, kann dann aber das Laub abwerfen.

WASSER
Zwischen den Wassergaben leicht antrocknen lassen. Trocknet der Ballen ganz aus, wirft die Pflanze die Blätter ab. Wird sie rechtzeitig wieder gegossen, erholt sie sich und treibt neu aus.

ÜBERLEBENSSTRATEGIE
Alle 14 Tage mit Universal-Flüssigdünger versorgen. Im Frühling die Triebe auf die Hälfte kürzen, damit die Pflanze kompakt bleibt und reichlich Blüten bildet.

GRÖSSE
35 cm

STANDORT
sonnige Fensterbank

Curcuma alismatifolia

Safranwurz, Kurkuma

Die exotisch aussehende *Curcuma alismatifolia* stammt aus Thailand und ist mit dem Ingwer verwandt. Meist sieht man Arten mit rosa Hochblättern, es gibt aber auch gelbe und dunkelviolette Sorten. Die »Blüten« halten sich in einem kühlen Raum bis zu drei Monate. Wer die Pflanze über mehrere Jahre halten will, sollte wissen, dass sie im Herbst die Blätter abwirft und bis zum Frühling eine Ruhezeit einlegt. In dieser Zeit muss das Rhizom trocken gehalten werden. Weil die dekorativen Pflanzen aber von Jahr zu Jahr stattlicher werden, ist die Überwinterung einen Versuch wert. Natürlich kann man sie auch als kurzzeitigen Hausgast betrachten.

Die dekorativen Hochblätter erscheinen im Sommer.

LICHT

Für kräftigen Wuchs und Blütenbildung braucht Curcuma helles oder direktes Licht.

TEMPERATUR

Im Sommer sind 18–23 °C ideal. Während der Ruhezeit im Winter darf es bis 7 °C kühl sein.

WASSER

Während der Wachstumsphase feucht, aber nicht nass halten. Nasse Füße unbedingt vermeiden, sonst fault das Rhizom. Während der Ruhezeit das Rhizom völlig trocken aufbewahren.

ÜBERLEBENSSTRATEGIE

Nach der Blüte legen die Pflanzen im Spätherbst eine Ruhephase ein. Dann das Gießen ganz einstellen und die welkenden Blätter allmählich entfernen. Im Frühling das Rhizom in frische Erde pflanzen und an einen warmen Platz stellen. Die Pflanze braucht hohe Luftfeuchtigkeit.

GRÖSSE

95 cm

STANDORT

helle, moderne Wohnung

Cycas revoluta

Japanischer Sagopalmfarn

Diese eigentümliche Pflanze aus Japan wächst langsam. Sie hat etwas Archaisches, als hätte sie sich seit Jahrmillionen kaum verändert. Die dunkelgrünen Blätter sehen farnartig aus, sind aber ledrig, steif und hart. Sie bilden eine lockere Rosette auf einem kurzen Stamm, der wie eine kleine, braune Ananas aussieht. Ausgewachsene Pflanzen können bis 2 m hoch werden. Weil sie aber sehr langsam wachsen, wird ein 30 cm hohes Exemplar kaum zu groß für die Wohnung werden. Sagopalmfarne brauchen gutes Licht, etwa im Wintergarten. Obwohl sie Merkmale von Palmen und Farnen haben, sind sie mit beiden nicht verwandt.

LICHT
Damit neue Wedel entstehen, braucht die Pflanze gutes Licht. Sie sieht aus, als halte sie Ruhezeit.

TEMPERATUR
Mag Temperaturen zwischen 7 und 18 °C und verträgt, wenn sie trocken gehalten wird, einige Minusgrade.

WASSER
Bei durchschnittlicher Zimmertemperatur sollte das Substrat feucht, aber nicht nass sein. Bei niedrigeren Wintertemperaturen die Wassermenge reduzieren. Von Frühling bis Spätsommer alle 2 Wochen mit einem Universal-Flüssigdünger in doppelter Verdünnung versorgen.

ÜBERLEBENSSTRATEGIE
Der Sagopalmfarn verträgt niedrige Temperaturen, unregelmäßiges Gießen und trockene Luft, gedeiht aber bei Wärme, genügend Wasser und Dünger besser und bildet mehr Blätter. In milden Regionen kann er im Sommer auch im Freien stehen.

GRÖSSE
60 cm

STANDORT
Wintergarten

Cyclamen persicum

Zimmer-Alpen-veilchen

Der beliebte Winterblüher hat nicht nur attraktive Blüten, sondern auch schöne Blätter mit silbriger Zeichnung. Das Spektrum der Blütenfarben umfasst alle Rot- und Rosatöne und Weiß. Manche Blütenblätter sind auch gestreift, haben andersfarbige Ränder, eine gedrehte oder gekräuselte Form. Ständig kommen neue Züchtungen auf den Markt, selbst duftende Sorten sind darunter. Die kleinblumigen Sorten haben einen besonderen Charme, der den Formen mit größeren Blüten manchmal fehlt. Sehr hübsch sieht es aus, wenn man mehrere verschiedenfarbige Alpenveilchen in einen großen Topf pflanzt. Weiße Alpenveilchen passen auch gut zu Farnen wie *Pteris argyraea* oder *Nephrolepis*.

VORSICHT, FÄULE! Verwelkte Blüten und Blätter regelmäßig samt Stiel entfernen, damit sie nicht faulen und die Knolle schädigen. Je dichter die Stiele, desto wichtiger ist das Ausputzen.

LICHT
Blühende Exemplare sollten im Winter möglichst viel Licht bekommen.

TEMPERATUR
Alpenveilchen mögen es kühl. Bei Temperaturen zwischen 13 und 18 °C halten die Blüten länger.

WASSER
Gewässert wird erst, wenn die Blätter zu hängen beginnen. Den Topf 10 Minuten in eine flache Schale mit Wasser stellen, dann abtropfen lassen.

ÜBERLEBENSSTRATEGIE
Alle 3 Wochen mit Universal-Flüssigdünger versorgen. Verblühte Pflanzen wegwerfen oder das Gießen allmählich reduzieren. Wenn die Blätter gelb werden, kein Wasser mehr geben. Im Spätsommer oder Frühherbst die Knolle säubern, in frisches Substrat pflanzen und leicht feucht halten.

GRÖSSE
35 cm

STANDORT
helles Zimmer

Cymbidium-Hybriden

Cymbidie

Dies ist die unkomplizierteste Orchideenart für die Wohnung. Es gibt zahlreiche Hybriden, doch meist werden sie ohne genaue Sortenbezeichnung verkauft, weil die Blüte als »Verkaufsargument« genügt. Allerdings unterscheiden sich die Sorten erheblich in Höhe und Blütenfarbe. Ob rosa, weiß, grün oder gelb: Alle Blüten sehen exotisch aus und halten einige Wochen lang.

Die Lippe hat eine besonders schöne Zeichnung.

LICHT
Helles Licht, aber keine pralle Sonne. Bei Lichtmangel bleiben die Blüten aus.

TEMPERATUR
Im Winter 6–7 Wochen kühl stellen (um 10 °C), ansonsten bei normaler Zimmertemperatur (18–24 °C) halten.

WASSER
Zu viel Wasser, vor allem im Winter, vertragen diese Orchideen nicht. Im Sommer wird erst gegossen, wenn die Oberfläche des Substrats trocken ist. Beim Einsprühen der Blätter sollten Sie die Blüten abdecken. Sie werden leicht fleckig und faulen, wenn sie zu lange feucht sind.

ÜBERLEBENSSTRATEGIE
Cymbidien mögen hohe Luftfeuchtigkeit, darum sollten sie auf einem Untersetzer mit feuchten Kieseln stehen und regelmäßig besprüht werden. Blühende Pflanzen mit Spezialdünger versorgen. Im Sommer können die Pflanzen an einem luftigen, geschützten Platz im Freien stehen.

GRÖSSE
65 cm

STANDORT
heller Wohnbereich

Cyperus involucratus

Zypergras

Haben Sie schon viele Zimmerpflanzen tot gegossen? Dann sollten Sie es mit dem Zypergras versuchen, das sich mit nassen Füßen erst richtig wohl fühlt. Auf hohen dreieckigen Stielen stehen Quirle aus langen grünen Blättern, die eigentlich die Hochblätter der kleinen, unscheinbaren Blüten sind. Ein gesundes Zypergras sieht sehr interessant aus. Vor allem, wenn es angestrahlt wird und skurrile Schatten wirft, ist es ein Blickfang.

NACHWUCHS Schneidet man Blattquirle ab und steckt sie kopfüber in Wasser, bilden sie schnell Wurzeln. Sind diese entwickelt, werden die Jungpflanzen in feuchtes Substrat gepflanzt.

LICHT
Fühlt sich an einem hellen Platz mit einigen Sonnenstunden wohl, verträgt aber keine pralle Mittagssonne.

TEMPERATUR
Normale Zimmertemperatur (18–24 °C) ist empfehlenswert. Im Winter nicht kälter als 7 °C.

WASSER
Dies ist eine Sumpfpflanze, darum sollten die Wurzeln immer feucht sein. Um vor allem im Sommer den großen Durst des Zypergrases zu löschen, stellt man den Topf am besten in eine Schale voll Wasser (*s. S. 105*).

ÜBERLEBENSSTRATEGIE
Während des Wachstums im Sommer mit Universal-Flüssigdünger versorgen. Pflanzen an einem sonnigen Standort brauchen hohe Luftfeuchtigkeit, sonst werden die Blattspitzen braun.

GRÖSSE
40 cm

STANDORT
heller Wohnbereich

Cyrtomium falcatum syn. *Polystichum falcatum* var. *falcatum*

Mondsichelfarn

Mit ihren robusten ledrigen Blättern sieht diese Pflanze so gar nicht wie ein Farn aus, andererseits ist sie wesentlich unempfindlicher als die zarteren Zimmerfarne. Die Blätter, die entfernt an *Ilex* erinnern, sind recht ungewöhnlich und können Gruppen aus *Ctenanthe*, *Davallia* und *Aspidistra* auflockern. Auch zwischen den relativ unspektakulären Blättern von Orchideen macht sich ein Mondsichelfarn gut.

LICHT
Die Pflanze mag helles Licht, aber keine direkte Sonne.

TEMPERATUR
Normale Zimmertemperatur (18–24 °C) genügt. Verträgt im Winter auch Temperaturen nahe dem Gefrierpunkt.

WASSER
Das Substrat ganzjährig feucht halten, aber im Winter zwischen den Wassergaben leicht antrocknen lassen.

ÜBERLEBENSSTRATEGIE
Abgesehen von gutem Licht und Wasser stellt der Mondsichelfarn keine Ansprüche. Eine Versorgung mit Universal-Flüssigdünger im 3-Wochen-Rhythmus tut ihm gut.

GRÖSSE
35 cm

STANDORT
kühler, heller Flur

Davallia canariensis

Hasenpfotenfarn

Farne gelten allgemein als empfindliche Gewächse für feuchte Plätze. Diese Art jedoch verträgt gelegentliche Wurzeltrockenheit und niedrige Luftfeuchtigkeit. Seinen Namen verdankt er den braun behaarten, kriechenden Rhizomen. Die Wedel unterscheiden sich von anderen Farnen durch kleine, raue Knötchen auf der Oberfläche. Die Pflanze stammt aus Spanien und hat es gern warm. Sie verträgt auch Temperaturen nahe dem Gefrierpunkt, wirft dann aber die Blätter ab. Wenn es wärmer wird, treibt sie wieder aus.

LICHT

Heller oder halbschattiger Platz ohne direkte Sonnenbestrahlung.

TEMPERATUR

Normale Zimmertemperatur (18–24 °C) ist ideal. Im Winter darf es auch kälter sein.

WASSER

Regelmäßig gießen, aber das Substrat zwischen den Wassergaben antrocknen lassen. Bei niedriger Temperatur nur gerade so viel gießen, dass der Wurzelballen nicht austrocknet.

ÜBERLEBENSSTRATEGIE

Während der Wachstumsphase sollten die Pflanzen alle 2 Wochen einen Universal-Flüssigdünger bekommen. Weil sie Kälte gut verträgt, ist sie eine gute Begleiterin für Blühpflanzen wie *Cyclamen* und *Camellia*.

GRÖSSE

35 cm

STANDORT

helle Küche

Dendrobium 'Emma Type'

Dendrobie

Diese Orchideengattung umfasst Dutzende Arten, aus denen wiederum Dutzende von Hybriden mit Blüten in kräftigem Gelb, Lindgrün, Rosa oder Violett gezüchtet wurden. Die Blüten mancher Sorten sehen recht kräftig aus, andere sind zart und feingliedrig – doch alle sind hinreißend. *D. nobile* und einige ihrer Hybriden haben außerdem noch süßen Duft zu bieten. Ein weiterer Vorzug dieser Orchideen ist, dass sie keine Tropenhitze brauchen, sondern mit milderen Temperaturen zufrieden sind. Hohe Luftfeuchtigkeit ist allerdings wichtig.

D. nobile

LICHT
Im Idealfall ganzjährig helles, gefiltertes Licht.

TEMPERATUR
Im Sommer sind Temperaturen um 20–24 °C günstig, im Winter nicht unter 10 °C.

WASSER
Im Sommer den Topf wöchentlich für 5 Minuten in eine Schale mit weichem Wasser stellen und danach gründlich abtropfen lassen (*S. 181*). Die Blätter trocken halten, sonst faulen sie. Im Winter sollten Dendrobien fast trocken gehalten werden.

ÜBERLEBENSSTRATEGIE
Ein mehrwöchiger Winteraufenthalt an einem kühlen, hellen Standort regt die Blütenbildung an. Kopflastige Pflanzen müssen mit einem Bambusstab gestützt werden. Bei jedem zweiten Gießen mit einem speziellen Orchideendünger versorgen. Auf hohe Luftfeuchtigkeit achten.

GRÖSSE
55 cm

STANDORT
heller Wohnbereich

Dieffenbachia seguine

Dieffenbachie

Mit den frisch grünen, markant gezeichneten Blättern ist dies ein beliebter Hausgast. Der Saft ist allerdings hochgiftig und kann, wenn er in den Mund gelangt, Schwellungen, Stimmstörungen und Erstickungsanfälle verursachen. Es gibt viele verschiedene Sorten mit unterschiedlicher Blattzeichnung. Alle sind pflegeleicht, nur trockene Luft haben sie nicht gern. Im Winter sollten sie in Fensternähe stehen, damit sie an den kurzen, dunklen Tagen ausreichend Licht bekommen.

D. seguine 'Saturn'

LICHT

Bei hellem, diffusem Licht entwickeln sich die Blattfarben am besten.

TEMPERATUR

Im Winter mindestens 16 °C. Bei Sommerhitze muss unbedingt für ausreichende Luftfeuchtigkeit gesorgt werden.

WASSER

Das Substrat ganzjährig feucht halten. Wenn sich das Wachstum bei niedrigen Wintertemperaturen verlangsamt, ist weniger Wasser erforderlich und das Substrat sollte zwischen den Wassergaben leicht antrocknen.

ÜBERLEBENSSTRATEGIE

Braune Blattspitzen weisen auf Wassermangel oder zu trockene Luft hin. Abhilfe kann ein Untersetzer mit nassen Kieseln schaffen (*s. S.178*). Wegen des giftigen Safts ist beim Berühren der Pflanze, vor allem beim Entfernen alter Blätter, Vorsicht geboten.

GRÖSSE

50 cm

STANDORT

heller Flur

Dizygotheca elegantissima syn. *Schefflera elegantissima*

Strahlenaralie

Wegen ihrer interessanten unruhigen Form ist diese Pflanze ein guter Begleiter für großblättrige Gewächse. Die langen, schmalen Blätter in tiefem, dunklem Grün bilden einen schönen Kontrast zu dem helleren Laub von *Epipremnum* oder panaschierten *Ficus*-Arten. Größere Exemplare machen auch einzeln stehend vor einem ruhigen, einfarbigen Hintergrund viel her.

LICHT
Helles Licht sorgt für kompakten Wuchs und dunkle Blattfärbung, direkte Sonne jedoch vermeiden.

TEMPERATUR
Normale Zimmertemperatur (18–24 °C) ist empfehlenswert. Im Winter nicht kälter als 13 °C halten.

WASSER
Gelegentlichen Wassermangel verkraftet die Strahlenaralie besser als zu viel Nässe. Generell zwischen den Wassergaben das Substrat antrocknen lassen, im Winter nur sparsam gießen. Gelegentliches Einsprühen ist empfehlenswert, aber nur mit kalkfreiem Wasser.

ÜBERLEBENSSTRATEGIE
Strahlenaralien wachsen normalerweise aufrecht. Knipst man die Triebspitzen aus, werden sie buschiger.

GRÖSSE
35 cm

STANDORT
minimalistische Wohnungen

Show time | Gruppenbilder

Caladium bicolor-Hybriden, ***S.39***

PFLANZENGRUPPEN SEHEN GUT AUS und erfüllen obendrein einen Zweck. Mehrere hohe Pflanzen können beispielsweise einen Raum unterteilen. Auch entsteht um eine Gruppe von Pflanzen ein Bereich mit höherer Luftfeuchtigkeit, der allen Mitgliedern zugute kommt. Und setzt man mehrere Gewächse in einen Topf, bleibt das Arrangement auch noch attraktiv, wenn eine verblüht ist.

Philodendron erubescens, ***S.134–135***; *Ficus deltoidea*, ***S.86–87***; *Philodendron scandens* 'Cobra', ***S.135***; *Epipremnum aureum* 'Marble Queen', ***S.80***

Calathea zebrina, C. picturata, C. louisae, ***S.40–41***; *Dracaena*, ***S.76–77***

Exacum, ***S.83***; *Pilea*, ***S.137***; *Hypoestes*, ***S.101***; *Saintpaulia*, ***S.146***

Dracaena marginata

Gerandeter Drachenbaum

Die pflegeleichten Drachenbäume sehen mit ihrem interessanten Wuchs aus wie lebendige Skulpturen. Die Rosetten aus schmalen Blättern stehen elegant auf schlanken Stämmen und werden mit zunehmender Höhe immer eleganter. Wenn die Stämme wachsen, werfen sie die unteren Blätter ab. Große Exemplare präsentiert man am besten vor einem ruhigen Hintergrund, damit ihre Form gut zur Geltung kommt. *D. fragrans* und ihre Abkömmlinge sind etwas stämmiger, aber weniger elegant, denn sie haben meist nur einen kräftigen Stamm mit einem einzelnen Blattschopf.

VISITENKARTE Ausgewachsene Dickmaulrüssler hinterlassen an den Blatträndern verräterische Spuren.

LICHT
Drachenbäume lieben es hell. D. fragrans verträgt auch Halbschatten, ohne dass die Blattfärbung verblasst.

TEMPERATUR
Normale Zimmertemperatur (18–24 °C) ist ausreichend; im Winter nicht unter 14–15 °C halten.

WASSER
In der Wachstumszeit das Substrat feucht halten, im Winter sparsam gießen und das Substrat zwischendurch antrocknen lassen.

ÜBERLEBENSSTRATEGIE
Im Spätfrühling kann der Blattschopf einer einstämmigen D. marginata abgeschnitten werden, damit die Pflanze sich verzweigt. Damit die Pflanze immer ordentlich aussieht, die unteren vertrockneten Blätter vorsichtig abzupfen.

GRÖSSE
90 cm

STANDORT
Wohnbereich

Weitere Arten

D. fragrans Deremensis-Gruppe 'Yellow Stripe' Wenn die Blätter ihre volle Länge erreichen, werden die hellen Blattränder breiter.

D. marginata 'Tricolor' Eine »verbesserte« Version der Grundform mit 30–60 cm langen, dreifarbig gestreiften Blättern.

D. fragrans Breite, einfarbig grüne, überhängende Blätter von bis zu 80 cm Länge an einem kräftigen Stamm.

◁ *D. fragrans* Deremensis-Gruppe 'Lemon and Lime' Robuste Blätter von bis zu 60 cm Länge für schattige und helle Plätze.

Dypsis lutescens syn. *Chrysalidocarpus lutescens*

Goldfruchtpalme

Grob übersetzt bedeutet der alte botanische Name *Chrysalidocarpus lutescens* »gelbe Pflanze mit schmetterlingspuppenähnlichen Früchten«. Weil die Palme im Haus aber fast nie blüht und folglich keine Früchte trägt, werden Sie diese Beschreibung wohl nicht überprüfen können. Die elegante Palme bildet einen dichten Horst aufrechter Stiele mit gelb gestielten Blättern aus vielen schmalen, zarten Fiederblättern. Sie wächst langsam, wird aber unter guten Bedingungen recht stattlich. Im Winter sollte sie am hellsten Platz der Wohnung stehen.

LICHT

Braucht für gesundes Wachstum gutes Licht, im Idealfall einen hellen Platz ohne direkte Sonneneinstrahlung.

TEMPERATUR

Normale Zimmertemperatur genügt, bei 22–23 °C wächst die Palme aber schneller; im Winter mindestens 10 °C.

WASSER

Während des Wachstums muss das Substrat immer feucht sein. Bei niedrigerer Temperatur und schwachem Licht reduziert sich die Aktivität der Pflanze und das Substrat sollte zwischen den Wassergaben an-, aber nicht austrocknen.

ÜBERLEBENSSTRATEGIE

Am besten gedeiht diese Palme bei frischer, relativ feuchter Luft. Während der Wachstumsperiode regelmäßig mit Universal-Flüssigdünger versorgen.

GRÖSSE

1,3 m

STANDORT

Blickfang in modernen Wohnungen

Echeveria-Arten

Echeverie

Wenn wenig Platz, aber gutes Licht vorhanden ist, bieten sich diese Pflanzen an. Zwei oder drei verschiedene Arten in einer größeren Schale sehen besonders attraktiv aus. Die Blüten in leuchtendem Rosa, Gelb oder Orange stehen an hohen, aufrechten Stielen, deren Enden anfangs eingerollt sind, sich aber aufrichten, wenn sich die Knospen öffnen. Eine einzelne Rosette der breitblättrigen *E. gibbiflora* kann bis zu 50 cm Durchmesser erreichen. *E. elegans* bildet flach am Boden liegende Rosetten. Echeverien sind unkompliziert, nur zu viel Wasser vertragen sie nicht.

E. elegans

E. gibbiflora

LICHT

Vor allem im Winter möglichst hell stellen. Bei Lichtmangel verlieren die Rosetten ihre kompakte Gestalt.

TEMPERATUR

Wintertemperatur um 10 °C, verträgt auch kältere Temperaturen. Im Sommer genügt Zimmertemperatur.

WASSER

Im Sommer das Substrat durchfeuchten, aber zwischen den Wassergaben antrocknen lassen. Im Winter eher trocken halten. Schlaffe oder runzlige Blätter weisen auf Wassermangel hin.

ÜBERLEBENSSTRATEGIE

Die Blätter dürfen nicht nass werden, sonst faulen sie leicht. Am besten den Topf einige Minuten in eine Schale mit Wasser stellen und dann abtropfen lassen. Einige Arten haben blaugrau bereifte Blätter. Sie müssen sehr vorsichtig angefasst werden, sonst löst sich diese attraktive Schicht.

GRÖSSE

30 cm

STANDORT

sonnige Fensterbank

Epipremnum aureum 'Marble Queen'

Goldene Efeutute

Die vielseitige Pflanze bildet bis 2 m lange, herabhängende Triebe. An einem Moosstab oder einer anderen Stütze klettern sie in die Höhe. Wer die Pflanze kompakt halten möchte, windet die Triebe umeinander. Die ledrigen Blätter haben eine hübsche Herzform. Sie sollten regelmäßig entstaubt werden, damit der schöne Glanz zur Geltung kommt. Panaschierte Formen brauchen viel Licht, sonst vergrünen sie. Gelegentlich findet man auch Sorten mit gelben Blättern.

LICHT
Gedeiht auch an schattigen Plätzen, wächst aber bei gutem Licht wesentlich kräftiger.

TEMPERATUR
Normale Zimmertemperatur (18–24 °C), im Winter nicht unter 14 °C.

WASSER
Im Frühling und Sommer regelmäßig gießen, aber zwischen den Wassergaben das Substrat antrocknen lassen. Im Winter braucht die Pflanze weniger Wasser. Im Sommer während des stärksten Wachstums mit einem Blattdünger einsprühen.

ÜBERLEBENSSTRATEGIE
Diese Pflanze kann ein wahrer Hausbesetzer sein, wenn sie ausreichend Drähte, Schnüre oder Stangen zum Klettern vorfindet. Die langen Triebe nicht um die Kletterhilfe schlingen, sondern anbinden, sonst wird das Umtopfen schwierig.

GRÖSSE
90 cm

STANDORT
Hängeampel

Euphorbia pulcherrima 'Pepride Marble'

Weihnachtsstern

Die Pflanze mit den roten, blütenähnlichen Hochblättern ist noch ein relativ junger Import aus Mexiko, hat sich aber schon zu einem Weihnachtsklassiker entwickelt. Zusammen mit rotfrüchtigem Ilex ist der Weihnachtsstern ein lebendiger Raumschmuck für den Winter. Die weißen und zart grünen Sorten sehen eleganter aus. Wer die Pflanzen nach dem Fest weiter kultivieren will, schneidet die Triebe nach dem Verblassen der Hochblätter auf etwa 10 cm zurück und hält die Pflanzen bis zum zeitigen Frühjahr nahezu trocken. Im April wieder stärker gießen, um den Austrieb anzuregen, und mit frischer Erde in den alten Topf setzen.

E. pulcherrima

'Lilo White'

'Regina'

'Lilo'

LICHT
Bevorzugt in allen Wachstumsstadien helles, diffuses Licht. Pralle Sonne versengt die Blätter.

TEMPERATUR
Normale Zimmertemperatur (18–24 °C) ist ideal. Kalte Zugluft vertragen die Pflanzen nicht.

WASSER
Erst wenn die Blätter schlaff werden, die Erde gut durchfeuchten, aber den Topf nicht im Wasser stehen lassen. Wer die Pflanze nach der Blüte wegwerfen will, braucht nicht zu düngen. Sonst sollte sie alle 14 Tage mit einem Universal-Flüssigdünger in doppelter Verdünnung versorgt werden.

ÜBERLEBENSSTRATEGIE
Wer den Weihnachtsstern länger kultiviert und erneut zur Blüte bringen will, braucht Geduld, denn Blüten und Hochblätter werden nur gebildet, wenn die Nächte 12 oder mehr Stunden dauern. 14 Stunden Dunkelheit sind optimal.

GRÖSSE
45 cm

STANDORT
heller Wohnbereich

Euphorbia tirucalli

Latex-Wolfsmilch

Nur wenige Pflanzen sind mit dieser sukkulenten Euphorbie vergleichbar, der man ihre Verwandtschaft mit dem Weihnachtsstern kaum glauben möchte. An den neuen Trieben erscheinen kleine Blätter, die aber bald abfallen, sodass nur das kahle Skelett zurückbleibt. Eine minimalistische Pflanze für minimalistische Wohnungen. Die skurrile Form ist die Antwort der Pflanze auf ihren natürlichen Lebensraum: trocken-heiße Wüsten. Sie fühlt sich an einem Südfenster oder im Wintergarten wohl. Es ist gut, der Pflanze Platz zu geben, damit sie zu stattlicher Größe heranwachsen kann.

E. trigona

LICHT

Ganzjährig möglichst viel Licht während des dunklen Winters an den hellsten Platz der Wohnung stellen.

TEMPERATUR

Normale Zimmertemperatur genügt, verträgt aber auch mehr Hitze. Im Winter nicht unter 10–11 °C.

WASSER

Im Sommer sparsam gießen und das Substrat zwischen den Wassergaben antrocknen lassen. Im Winter nur minimal gießen, sodass der Ballen nicht austrocknet.

ÜBERLEBENSSTRATEGIE

Monatlich mit einem Universal-Flüssigdünger versorgen. Falls Triebe abbrechen, ist Vorsicht geboten. Der austretende Saft kann, vor allem in der Sonne, bei empfindlichen Menschen heftige Hautreizungen verursachen.

GRÖSSE

80 cm

STANDORT

Wintergarten, Südfenster

Exacum affine

Blaues Lieschen

Die niedliche, kleine Pflanze trägt mehrere Monate lang massenhaft winzige, duftende Blüten in Blau, Weiß oder Rosa. Die kurzlebige Staude wird normalerweise wie eine Einjährige behandelt und nach der Blüte weggeworfen. Jungpflanzen haben eine kompakte Form, mit zunehmendem Alter werden sie lockerer. Man kann das Blaue Lieschen aus Samen ziehen. Bedenkt man aber den Aufwand, den das Pikieren und mehrmalige Umtopfen erfordert, ist es vielleicht sinnvoller, die preiswerten Pflanzen zu kaufen.

LICHT

Helles Licht, aber keine pralle Mittagssonne.

TEMPERATUR

Zimmertemperatur ist empfehlenswert. Wer *Exacum* überwintern will, sollte es bei 11 °C halten.

WASSER

Das Substrat während der gesamten Wachstumsphase feucht halten und die Pflanze alle 2 Wochen mit einem Universal-Flüssigdünger versorgen.

ÜBERLEBENSSTRATEGIE

Verwelkte Blüten regelmäßig abzupfen, um die Blühperiode zu verlängern. Je wärmer der Standort, desto höher sollte die Luftfeuchtigkeit sein. Bei trockener Luft schafft ein Untersetzer mit feuchten Kieseln Abhilfe (*s. Seite 178*).

GRÖSSE

20 cm

STANDORT

Hübsch auf einem Tisch im Licht.

Fatsia japonica

Zimmeraralie

Die beliebte Zimmerpflanze mit den großen, glänzenden Blättern hat durchaus ihren Wert, denn sie gedeiht sogar in kühlen Fluren und übersteht den Winter im ungeheizten Wintergarten. In der Wohnung kommen die Pflanzen nur selten zur Blüte. Gelingt es doch, tragen ausgewachsene Exemplare weiße Blüten. Auch die kompaktere Sorte *F. japonica* 'Moseri' lohnt einen Versuch.

F. japonica 'Variegata'

LICHT
Bei gutem Licht bleiben die Pflanzen kompakt und die Blätter dunkelgrün.

TEMPERATUR
An einem kühlen Platz – im Winter um 2–3 °C – bleiben die Pflanzen gesund und kräftig.

WASSER
Im Sommer regelmäßig gießen; im Winter erst Wasser geben, wenn die Blätter schlaff werden. Regelmäßiges Besprühen mit Blattdünger sorgt für ein kräftig grünes Laub.

ÜBERLEBENSSTRATEGIE
Im Frühling zurückgeschnitten, bilden sich bald Seitentriebe und die Pflanze wirkt buschiger. Sind die Triebe überlang und schwach, steht die Pflanze zu warm, zu dunkel oder beides.

GRÖSSE
55 cm

STANDORT
heller Flur

Ferocactus latispinus

Ferokaktus

Halbherzig kann man einen Kugelkaktus nicht betrachten. Entweder ist man von der gedrungenen, blattlosen Form mit dem gefurchten Stamm und den harten, gebogenen und oft farbigen Stacheln begeistert, oder man fragt sich, was daran zu finden ist. Beim Ferocactus lohnt es sich, genauer hinzusehen. Jede Stachelkrone besteht aus zehn oder zwölf weißlichen Stacheln und vier größeren roten, die auffallend hart sind. Die unteren, längsten Stacheln sind zurückgebogen. Die Pflanze fasziniert durch ihre Form, ihre Struktur und die interessanten Farben. Mit etwas Glück zeigt sie eine oder zwei Blüten in Rot, Gelb oder Violett.

Die Stacheln ähneln Angelhaken.

LICHT
Dieser Kaktus ist lichthungrig. Er braucht möglichst viel direkte Sonne, auch im Winter.

TEMPERATUR
Ideal ist normale bis etwas höhere Zimmertemperatur und gutes Licht. Im Winter nicht kälter als 7 °C.

WASSER
Im Sommer regelmäßig gießen, aber das Substrat nicht durchfeuchten und zwischen den Wassergaben antrocknen lassen. Im Winter trocken halten. Während der warmen Jahreszeit tut ihm monatlich eine Portion Universal-Flüssigdünger gut.

ÜBERLEBENSSTRATEGIE
Wenn keine Frostgefahr besteht, kann der Kaktus im Freien stehen, wo er mehr Licht bekommt. Zum Säubern einen Pinsel verwenden, den Staub mit einem Strohhalm abpusten oder den Staubsauger auf niedriger Saugstufe verwenden.

GRÖSSE
20 cm

STANDORT
Südfenster

Ficus elastica

Gummibaum

In der Feigenfamilie finden sich einige ausgezeichnete Zimmerpflanzen. Sie wachsen in der Natur zwar zu riesigen Bäumen heran, bleiben im Topf oder Kübel aber kleiner – obwohl sie auch dann recht stattlich werden können. Der Gummibaum (*F. elastica*) und die Birken-Feige (*F. benjamina*) sind aus gutem Grund beliebt, denn sie entziehen der Raumluft Schadstoffe. *F. benjamina* hat einen buschigen Wuchs, während sich *F. elastica* nur verzweigt, wenn man bei Jungpflanzen die Triebspitzen ausknipst. Der weiße Saft, der dabei austritt, trocknet ein und die Pflanze nimmt keinen Schaden.

F. elastica 'Belgica'

LICHT

Wird oft in dunkle Ecken »abgeschoben«, doch gedeihen vor allem panaschierte Arten bei Licht besser.

TEMPERATUR

Alle Arten sind mit normaler Zimmertemperatur (18–24 °C) zufrieden.

WASSER

Ficus-Arten mit ledrigen Blättern vertragen Trockenheit besser als zu viel Nässe. Zwischen den Wassergaben das Substrat leicht antrocknen lassen. Bei nassen Füßen wirft die Pflanze die Blätter ab. *Ficus pumila* sollte nicht austrocknen.

ÜBERLEBENSSTRATEGIE

Ficus-Arten arrangieren sich mit den verschiedensten Bedingungen und sind sehr unkomplizierte Zimmerpflanzen. Während des Wachstums alle 14 Tage düngen. Die Blätter mit einem feuchten Tuch entstauben.

GRÖSSE

60 cm

STANDORT

Arbeitszimmer, Wohnbereich

Weitere Sorten

F. sagittata ist eine breitwüchsige, kleine Pflanze mit hängenden Trieben und schmalen, frischgrünen Blättern.

F. benjamina 'Starlight' ist eine buschige Birken-Feige, die leicht über 2 m hoch wird und schöne Weißzeichnung zeigt.

F. binnendijkii 'Alii' ist eine aufrechte Sorte mit schmalen, etwa 20 cm langen Blättern. Sie kann über 2 m hoch werden.

◁ *F. deltoidea* (Mistel-Feige) wächst buschig und trägt als einzige Zier-Feige Früchte, die aber nicht essbar sind. Bis 2 m hoch.

Show time | Aufstrebende

Epipremnum aureum 'Marble Queen', ***S.80***

KLETTERNDE UND HÄNGENDE ZIMMERPFLANZEN haben eine außergewöhnlich natürliche Ausstrahlung. Manche brauchen viel Platz, andere haben schlanke Stiele und begnügen sich auch mit engen Nischen. Die meisten sind aber etwas eigenwillig und legen Wert darauf, ihren eigenen Weg zu gehen. Man muss sie gelegentlich stutzen oder anbinden.

Bougainvillea glabra 'Alexandra', *S.37; Stephanotis floribunda,* ***S.161***

Hedera helix, ***S.95***

Philodendron scandens 'Cobra', ***S.134–135***

Fittonia verschaffeltii

Fittonie, Silbernetzblatt

Diese kleine Zimmerpflanze ist ausgesprochen reizvoll. Die ovalen Blätter tragen, je nach Sorte, eine netzartige Äderung in Rosa oder Weiß. Es ist eine Kriechpflanze, die sich langsam ausbreitet. Weil die Triebe bei Erdkontakt bewurzeln, lässt sie sich leicht vermehren. Hübscher als ein normaler Topf ist eine breitere Schale mit mehreren Exemplaren. Ihre Heimat ist der südamerikanische Regenwald, daher braucht sie viel Wärme und hohe Luftfeuchtigkeit – ein idealer Kandidat für einen »Garten« in einem Terrarium.

LICHT
Helles, diffuses Licht tut ihr gut, pralle Sonne verträgt sie nicht.

TEMPERATUR
Ideal ist ganzjährige Wärme um 18 °C und eine hohe Luftfeuchtigkeit.

WASSER
Im Winter darf nicht zu viel gegossen werden, sonst faulen die Triebe. Im Sommer sollte das Substrat feucht, aber nicht nass sein.

ÜBERLEBENSSTRATEGIE
Wichtig sind vor allem Wärme und hohe Luftfeuchtigkeit. Während des Wachstums in den Sommermonaten mit einem Universal-Flüssigdünger versorgen.

GRÖSSE
20 cm

STANDORT
Badezimmer

Gardenia augusta

Kap-Gardenie

Gardenien sind wegen ihrer edlen Blüten und der dunklen, ledrigen Blätter beliebt. Die Haltung ist unkompliziert, schwieriger ist es, sie zur Blüte zu bringen. Gleichmäßige Temperatur und Luftfeuchtigkeit sind das Erfolgsgeheimnis. Starke Temperaturschwankungen, Trockenheit, wechselnde Luftfeuchtigkeit oder eine Änderung der Lichteinfallsrichtung führen dazu, dass die Knospen abfallen. Angesichts dieser Empfindlichkeiten ist es legitim, sich an den haltbaren Blüten zu freuen und im folgenden Jahr eine neue Pflanze zu kaufen.

Die schneeweißen Blüten duften süß.

LICHT
Braucht einen hellen Standort ohne direkte Sonnenbestrahlung.

TEMPERATUR
Hohe Luftfeuchtigkeit sowie Temperaturen von 18–21 °C am Tag und 16–17 °C in der Nacht sind empfehlenswert.

WASSER
Nur mit weichem Wasser gießen, sonst werden die Blätter gelb. Das Substrat sollte im Sommer feucht, aber nicht nass sein. In den dunkleren Wintermonaten weniger gießen. Im Sommer mit einem Spezialdünger für kalkempfindliche Pflanzen versorgen.

ÜBERLEBENSSTRATEGIE
Gardenien brauchen kalkfreies Substrat sowie gleichmäßige Temperatur und Luftfeuchtigkeit. Zur Blütenbildung sollten die Temperaturen nachts nicht unter 18 °C fallen und tags nicht über 22 °C steigen. Zugluft vermeiden und den Standort nicht verändern!

GRÖSSE
35 cm

STANDORT
Wohnbereich

Graptopetalum bellum

Graptopetalum

Die kleine, kompakte Sukkulente macht vor allem durch ihre Blüten von sich reden. Die fleischigen Blätter bilden eine dichte, gewölbte Rosette von wenigen Zentimetern Höhe und Durchmesser, die Blüten aber sind groß und auffallend. Wenn die Pflanze ausreichend Licht bekommt, bildet sie reichlich diese kräftig pinkfarbenen Blüten, die mehrere Wochen halten. Außerhalb der Blütezeit kann sie etwas verloren wirken. Dann empfiehlt es sich, mehrere Exemplare in eine größere Schale zu setzen.

Sternförmige Blüten

LICHT
Ganzjährig so viel direktes Sonnenlicht wie möglich.

TEMPERATUR
Normale Zimmertemperatur genügt. In der dunklen Jahreszeit ist ein kühler Standort günstig.

WASSER
Während der Wachstumsphase von Frühling bis Frühherbst regelmäßig gießen, aber zwischen den Wassergaben das Substrat antrocknen lassen. Im Winter nur gerade genug gießen, dass die Wurzeln nicht austrocknen.

ÜBERLEBENSSTRATEGIE
Zu viel Wasser lässt die Wurzeln faulen. Achten Sie darauf, dass niemals Wasser im Übertopf steht.

GRÖSSE
20 cm

STANDORT
Südfenster

Grevillea robusta

Silbereiche

Wer schnell wachsende, große Pflanzen mag, sollte die Silbereiche kennen lernen. In ihrer Heimat Australien wird sie über 15 m hoch. Im Topf in der Wohnung dauert es aber einige Jahre, bis sie zu groß wird. Es ist eine attraktive, elegante Pflanze mit fein geschnittenem Laub, das vor allem neben großblättrigen Arten wie Philodendron oder Fensterblatt (*Monstera*) gut zur Geltung kommt. Stellen Sie sich darauf ein, nach einigen Jahren mit einer kleinen Jungpflanze neu zu beginnen.

LICHT
Braucht viel Licht und verträgt auch Sonne, sollte darum im Winter im hellsten Bereich der Wohnung stehen.

TEMPERATUR
Zimmertemperatur (18–24 °C) genügt, im Winter nicht unter 5 °C.

WASSER
Nur mit weichem Wasser gießen. Während des Wachstums feucht, aber nicht nass halten. Verlangsamt sich das Wachstum im Winter, sollte das Substrat zwischen den Wassergaben leicht antrocknen.

ÜBERLEBENSSTRATEGIE
Die Silbereiche muss in kalkfreies Substrat gepflanzt werden. Während der sommerlichen Wachstumsperiode bekommt sie alle 2 Wochen einen Spezialdünger für kalkempfindliche Pflanzen.

GRÖSSE
95 cm

STANDORT
Wintergarten

Gynura aurantiaca

Purpur-Samtpflanze

Diese Pflanze sieht aus, als käme sie von einem anderen Planeten. Die etwas schrille Kombination aus gezähnten, gewellten, violett behaarten Blättern und orangefarbenen Blüten ist allerdings faszinierend. Wer den intensiven Geruch der Blüten nicht mag, kann sie einfach abknipsen. Die Pflanze wächst anfangs aufrecht, doch wenn die Triebe länger werden, hängen sie über den Topfrand.

Die Härchen auf den Blättern sind weich wie Samt.

LICHT
Nur bei gutem Licht bilden sich die ungewöhnlichen Farben intensiv aus.

TEMPERATUR
Normale Zimmertemperatur und durchschnittliche Luftfeuchtigkeit genügen, im Winter nicht unter 12–13 °C.

WASSER
Die Blätter immer trocken halten. Im Sommer sollte das Substrat gerade feucht sein. Wenn die Pflanze im Winter kühl steht, noch sparsamer gießen.

ÜBERLEBENSSTRATEGIE
Die Pflanze ist sehr bescheiden. Abgebrochene Triebe bewurzeln schnell, wenn man sie in Wasser stellt. Soll die Pflanze kompakt bleiben, knipst man die Triebe aus. Übertreiben sollte man es aber nicht, denn der überhängende Wuchs macht einen Teil ihres Reizes aus.

GRÖSSE
20 cm

STANDORT
Ost- oder Westfenster

Hedera helix 'Light Fingers'

Efeu

Efeu gibt es in so vielen Varianten mit unterschiedlichen Blattformen, -farben und -zeichnungen, dass jeder seine Lieblingssorte finden kann. Ob kletternd, hängend oder buschig: Efeu gedeiht im Schlafzimmer, Bad oder Wohnbereich, solange er etwas Licht und gelegentlich Wasser bekommt. Bei etwas fürsorglicherer Behandlung gedeiht er natürlich besser und sieht gesünder aus.

'White Wonder'

'Pink 'n' Curly'

'Gilded Hawke'

'Kolibri'

LICHT
Panaschierte Formen brauchen einen hellen Platz. Einfarbige Sorten gedeihen auch im Schatten.

TEMPERATUR
Bei zu viel Wärme werden die Triebe lang und dürr. Günstig ist ein ganzjährig recht kühler Platz.

WASSER
Im Sommer feucht halten und im Winter das Substrat nicht austrocknen lassen, sonst verdorren die Blätter und fallen ab.

ÜBERLEBENSSTRATEGIE
Efeu ist völlig unkompliziert. Weil er weder Schatten noch Kälte übel nimmt, ist er die ideale Pflanze für eine zugige Diele oder einen ungeheizten Wintergarten.

GRÖSSE
30 cm

STANDORT
Schlafzimmer, Badezimmer

Hemigraphis 'Exotica'

Hemigraphis

Die gedrungene, immergrüne Pflanze hat ausdrucksvoll gewellte Blätter, die mit dunklem Rot oder Violett überhaucht sind und dadurch fast schwarz wirken. Vom Frühling bis zum Sommer trägt sie weiße Blüten, die sich vor dem dunklen Laub sehr schön abheben. Die Pflanze drängt sich nicht in den Vordergrund, hat aber eine dezente Eleganz und eignet sich sehr gut als Bodendecker in größeren Kübeln oder als optisches Bindeglied in Gruppenarrangements. Wegen ihres kompakten Wuchses passt sie auch auf schmale Fensterbänke oder in Lücken zwischen größeren Pflanzen.

LICHT
Helles Licht fördert den Blütenansatz und die Blattfärbung. Pralle Sonne verträgt sie nicht.

TEMPERATUR
Normale Zimmertemperatur (18–24 °C), im Winter nicht unter 12–13 °C.

WASSER
Während der Wachstumsphase im Sommer regelmäßig gießen. Im Winter sparsamer wässern, aber nicht ganz austrocknen lassen.

ÜBERLEBENSSTRATEGIE
Hemigraphis fühlt sich im Mikroklima einer größeren Pflanzengruppe wohl. Je wärmer sie steht, desto höher sollte die Luftfeuchtigkeit sein.

GRÖSSE
30 cm

STANDORT
helle Fensterbank

Hibiscus rosa-sinensis 'Athene'

Hibiskus, Roseneibisch

Eine Pflanze mit üppigem, dunkelgrün glänzendem Laub und prächtigen Blüten in verschiedenen Farben: Rot, Weiß, Orange, Rosa und Gelb. Die Hauptblütezeit fällt in den Sommer, doch bei ausreichend Wärme und Licht können die Pflanzen ganzjährig Blüten bilden. Doch auch ohne Blüten sieht der Hibiskus mit seinem verzweigten Wuchs und dem dunklen Laub schön aus. Er dankt es, wenn man ihm einen Ehrenplatz gibt und ihn gut behandelt.

H. rosa-sinensis

LICHT
Reichlich helles Licht, aber keine pralle Mittagssonne. Im Winter an einen Sonnenplatz stellen.

TEMPERATUR
Normale Zimmertemperatur. Im Wintergarten mit niedriger Luftfeuchtigkeit verwelken die Blüten sehr schnell.

WASSER
Große Pflanzen brauchen im Sommer viel Wasser, denn das Substrat sollte immer feucht sein. Im Winter weniger gießen und das Substrat zwischen den Wassergaben antrocknen lassen.

ÜBERLEBENSSTRATEGIE
In einem großen Kübel am optimalen Standort kann ein Hibiskus über 2 m groß werden. Man kann ihn aber im Frühling stark zurückschneiden, ohne dass die Blüte ausbleibt. Versorgung mit einem kaliumreichen Dünger im Frühling regt die Blütenbildung an.

GRÖSSE
50 cm

STANDORT
luftiger Wintergarten

Hippeastrum-Sorten

Ritterstern, Amaryllis

Die Blüten dieses Zwiebelgewächses sind prächtig, doch das Laub ist so langweilig, dass man die Pflanze außerhalb der Blütezeit glatt übersehen kann. Bestimmt aber gleichen die spektakulären Trompetenblüten, von denen bis zu fünf an einem Stiel stehen können, dieses Manko aus. Das Spektrum der Blütenfarben umfasst alle Rot- und Rosatöne, reines Weiß und sogar Hellgrün. Am besten kommen die attraktiven Pflanzen zur Geltung, wenn man mehrere in gleichen Töpfen in einer akkuraten Reihe aufstellt oder in einen Trog pflanzt.

Geöffnete Trompetenblüten zeigen Staubbeutel.

LICHT

Wenn die Pflanze Blätter hat, braucht sie helles Licht und verträgt auch direkte Sonne.

TEMPERATUR

Die Blüten öffnen sich bei normaler Zimmertemperatur (18–24 °C), halten aber in einem kühlen Raum länger.

WASSER

Trockene Zwiebeln werden nach dem Einpflanzen nur sparsam gegossen, bis sich Wurzeln bilden. Während des Wachstums muss das Substrat stets feucht sein. Im Spätsommer das Gießen einstellen und Zwiebeln und Blätter trocknen lassen. Im Herbst wieder gießen.

ÜBERLEBENSSTRATEGIE

Es macht etwas Mühe, die Pflanzen Jahr für Jahr zur Blüte zu bringen. Wenn nach der Blüte die Blätter erscheinen, muss die Pflanze hell stehen und regelmäßig gegossen und gedüngt werden. Im Spätsommer braucht sie eine Ruhephase. Im Herbst wird sie wieder gegossen.

GRÖSSE

75 cm

STANDORT

minimalistische Einrichtungen

Howea belmoreana

Kentiapalme

Die aufrecht wachsende Palme kann recht groß werden (2 m), ist aber sehr robust und verträgt auch unvorteilhafte Standorte mit niedriger Luftfeuchtigkeit und relativ geringem Licht. Im tiefen Schatten gedeiht sie allerdings nicht. Obwohl die Kentia-Palme viel verzeiht, wächst sie bei gutem Licht und ausreichender Luftfeuchtigkeit besser und gesünder. Die eleganten, tief eingeschnittenen Wedel auf den steifen Stielen bilden einen schönen Hintergrund für niedrigere Pflanzen. Reizvoll sehen auch die Schatten aus, die die Wedel auf eine einfarbige Wand werfen.

LICHT

Schätzt einen hellen Standort, kommt aber auch mit weniger Licht aus. Im Winter näher am Fenster.

TEMPERATUR

Normale Zimmertemperatur (18–24 °C) ist empfehlenswert, im Winter nicht unter 13–14 °C.

WASSER

Während der Wachstumsphase das Substrat feucht halten. Im Winter das Gießen reduzieren, aber den Ballen nicht austrocknen lassen. Im Sommer alle 2 Wochen mit einem Universal-Flüssigdünger versorgen, im Winter sollte nicht gedüngt werden.

ÜBERLEBENSSTRATEGIE

Die bescheidene Pflanze braucht außer Wasser und gelegentlich Dünger wenig Zuwendung. Es macht Mühe, die Wedel mit einem feuchten Tuch zu entstauben, doch angesichts des Resultats lohnt es sich.

GRÖSSE

85 cm

STANDORT

heller Wohnbereich mit Südfenstern

Hoya lanceolata subsp. *bella*

Wachsblume

Zur Gattung *Hoya* gehören mehrere Zimmerpflanzenarten, doch diese ist besonders unkompliziert und kompakt. Die Pflanze hat lange Triebe mit fleischigen Blättern und trägt im Sommer an den Triebenden Blütenstände aus acht bis zehn süß duftenden, weißen Einzelblüten mit purpurrotem Zentrum. Am besten nimmt man den Duft wahr, wenn sie in einer Ampel in Augenhöhe hängt.

Im Sommer erscheinen die duftenden Blüten.

LICHT

Braucht zur Blütenbildung reichlich Licht. Direktes Sonnenlicht verträgt sie, jedoch keine Mittagssonne.

TEMPERATUR

Ganzjährig normale Zimmertemperatur (18–24 °C) ist empfehlenswert.

WASSER

Im Sommer regelmäßig gießen. Im Winter, wenn das Wachstum sich verlangsamt, weniger Wasser geben. Alle 2 Wochen mit einem Universal-Flüssigdünger versorgen.

ÜBERLEBENSSTRATEGIE

Gedeiht am besten in grobem Orchideensubstrat. Die Verwandte *H. carnosa* bildet 4–5 m lange Triebe, die man aber um eine Kletterhilfe schlingen kann, damit sie nicht zu mächtig wird.

GRÖSSE

55 cm

STANDORT

Tisch an einem hellen Platz

Hypoestes phyllostachya 'Ruby'

Punktblume

Wer jemals mit einer Rolle die Wände gestrichen hat, ohne vorher die Möbel abzudecken, kann sich die Blattzeichnung dieser Pflanze vorstellen. Die herzförmigen Blätter der kleinen, buschig wachsenden Hüllenklaue sind mit rosa Sprenkeln überzogen. Einige Sorten tragen auch größere Tupfen in Violett, Weiß oder Rot. So sorgt die Pflanze ganzjährig für Farbtupfer im Zimmer. Besonders schön sieht es aus, wenn man verschiedene Sorten gemeinsam in einen größeren Topf pflanzt oder als Gruppe aufstellt.

'Rose'

'White'

LICHT
An einem hellen Platz entwickeln sich die Blattfarben. Im Winter verträgt die Pflanze direkte Sonne.

TEMPERATUR
Die Hüllenklaue sollte ganzjährig bei 18 °C stehen. Fällt die Temperatur unter 11 °C, wirft sie die Blätter ab.

WASSER
Im Sommer reichlich gießen, aber die Substratoberfläche zwischen den Wassergaben antrocknen lassen. Im Winter deutlich weniger gießen, nasse Füße unbedingt vermeiden. Feuchte Luft tut ihr gut.

ÜBERLEBENSSTRATEGIE
Mit der Zeit werden die Pflanzen etwas staksig, darum sollte man im Frühling oder Sommer die Triebspitzen ausknipsen, um die Verzweigung anzuregen. Im Sommer einen Universal-Flüssigdünger geben, im Winter aber nicht düngen.

GRÖSSE
20 cm

STANDORT
Badezimmer, Wohnbereich

Show time | Lufterfrischer

Ficus benjamina, **S.86–87**

PFLANZEN LIEFERN DEN SAUERSTOFF, den wir atmen. Viele filtern obendrein schädliche Stoffe wie Formaldehyd, Ammoniak und Benzol aus der Luft, die von Polstermaterialien, Farben und Haushaltsgeräten abgegeben werden. Solche natürlichen Lufterfrischer empfehlen sich besonders, um das Wohnklima in Schlafräumen, im Wohnbereich und im Arbeitszimmer zu verbessern.

Chlorophytum comosum 'Vittatum', ***S.52***

Calathea makoyana, ***S.40–41***

Spathiphyllum wallisii, ***S.160***

Impatiens-Hybriden

Fleißiges Lieschen

Obwohl man das Fleißige Lieschen hauptsächlich als Sommerblume für Beete und Kästen kennt, eignet es sich sehr gut als Zimmerpflanze. Die Blüte dauert vom Frühsommer bis in den Spätherbst oder – bei optimalen Licht- und Temperaturverhältnissen – bis weit in den Winter hinein. Alle Arten können in Töpfe gepflanzt und ins Zimmer gestellt werden, wo sie sich auf einer kühlen Fensterbank oder an einem halbschattigen Platz wohl fühlen. F1-Hybriden sind besonders kräftig und blühen reich. Knipst man die Triebspitzen aus, werden die Pflanzen buschiger.

F1-Hybride 'White'

F1-Hybride 'Red'

LICHT

Das Fleißige Lieschen schätzt einen hellen oder halbschattigen Platz ohne direkte Mittagssonne.

TEMPERATUR

Ideal ist ein kühler Platz, bei Zimmertemperatur gedeiht die Pflanze auch. Im Winter nicht unter 14 °C.

WASSER

Während des Wachstums die Pflanzen feucht, aber nicht nass halten. Im Winter weniger gießen.

ÜBERLEBENSSTRATEGIE

Verwelkte Blüten regelmäßig abzupfen. Im Spätsommer können die Pflanzen weggeworfen oder überwintert werden. Damit sie auch im Winter blühen, brauchen sie helles Licht und Wärme. Im Frühling werden überwinterte Pflanzen zurückgeschnitten.

GRÖSSE

20 cm

STANDORT

halbschattiger Wohnbereich

Isolepis cernua

Niedere Moorbinse

Diese Pflanze hat weder bunte Blüten noch auffällige Blätter – und trotzdem viel Charakter. Binsen wachsen in der Natur am Rand von Gewässern, fühlen sich aber auch im Haus wohl. Die Moorbinse bildet einen Tuff aus harten, grasartig dünnen Halmen, an denen die Blüten wie Tropfen kleben. Ähnlicher kann eine Pflanze einer Glasfaser-Lampe wohl kaum sein. Diese Pflanze passt gut in eine moderne Einrichtung, in der Form, Textur und Einheitlichkeit im Vordergrund stehen.

NASSE FÜSSE Pflanzen, die in der Natur in dauernassem Boden stehen, brauchen auch im Haus ähnliche Bedingungen. Am besten stellt man den Topf in eine mit Wasser gefüllte Schale.

LICHT
Nur bei hellem Licht wachsen die Pflanzen gesund und kompakt.

TEMPERATUR
Die robusten Pflanzen vertragen Temperaturen unter 16 °C besser als große Wärme.

WASSER
Dies ist eine Sumpfpflanze, die dauerfeuchten Boden braucht. Stellen Sie den Topf in weiches Wasser.

ÜBERLEBENSSTRATEGIE
Wer ihr einen gut belüfteten, nicht zu warmen Platz gibt, wird an der Moorbinse lange Freude haben.

GRÖSSE
25 cm

STANDORT
modern eingerichtete Räume

Jasminum polyanthum

Jasmin

Ein blühender Jasmin ist ein bezaubernder Anblick und sein süßer Duft kann selbst einen großen Raum erfüllen. Die schlingenden Stiele mit den kleinen Blättern sehen lebhaft aus, erst recht, wenn die zahllosen Blüten erscheinen. Die Knospen sind rosa, werden beim Erblühen aber schneeweiß. Weil der Jasmin im Winter blüht, eignet er sich ausgezeichnet, um die Schwermut der düsteren Jahreszeit zu vertreiben.

AUSPUTZEN Verwelkte Blüten sollten entfernt werden, damit die Pflanze zu weiterer Blütenbildung angeregt wird. Die Blütenstiele einfach mit einer Schere direkt am Haupttrieb abschneiden.

LICHT

Nur bei gutem Licht blüht der Jasmin. Direkte Sonne tut ihm gut, jedoch nicht die pralle Sommersonne.

TEMPERATUR

Ideal ist ganzjährig ein kühler Raum (um 16 °C), bei höherer Temperatur verwelken die Blüten sehr schnell.

WASSER

Während des stärksten Wachstums im Frühling und Sommer reichlich gießen. Im Winter sparsamer wässern, aber während der Blüte keinesfalls austrocknen lassen.

ÜBERLEBENSSTRATEGIE

Die Triebe können 2–3 m lang werden, lassen sich aber im Zaum halten, indem man sie um eine Kletterhilfe schlingt oder nach der Blüte stutzt. Ältere Pflanzen vertragen auch einen radikalen Rückschnitt.

GRÖSSE

55 cm

STANDORT

Hängeampel, Wintergarten

Justicia brandegeana

Zimmerhopfen, Justizie

Die Pflanze stammt aus Mexiko und trägt ihren botanischen Namen zu Ehren des schottischen Gärtners James Justice, der im 18. Jahrhundert lebte. Die Blütenstände, die wie Garnelen aussehen, bestehen aus zahlreichen Hochblättern, zwischen denen die eigentlichen weißen Blüten recht versteckt liegen. Die Blüten sind kurzlebig, die bräunlich rosanen Hochblätter halten jedoch mehrere Monate. Die Pflanze trägt fast ganzjährig vereinzelte Blüten.

Die Hochblätter sind weit auffälliger als die Blüten.

LICHT
Gutes Licht und etwas direkte Sonne fördern die Blütenbildung, pralle Mittagssonne ist jedoch zu stark.

TEMPERATUR
Normale Zimmertemperatur (18–24 °C) ist empfehlenswert, im Winter nicht unter 15 °C stellen.

WASSER
Im Winter das Substrat nur gerade feucht halten. Während des Wachstums reichlich gießen, aber nie im Wasser stehen lassen, sonst färben sich die Blätter gelb. Vom mittleren Frühling bis zum Spätsommer mit einem Universal-Flüssigdünger versorgen.

ÜBERLEBENSSTRATEGIE
Der immergrüne Strauch kann bis zu 1 m hoch werden, sieht dann aber recht staksig aus und muss gestützt werden. Am besten stutzt man ihn in jedem Frühling, damit er kompakt und buschig bleibt. Große Pflanzen nehmen auch einen radikalen Rückschnitt nicht übel.

GRÖSSE
35 cm

STANDORT
Westfenster

Kalanchoe pumila

Kalanchoe

Die Gattung Kalanchoe umfasst sehr viele Arten in ganz verschiedenen Größen, Formen und Blütenfarben. *K. pumila* hat graugrüne, gezähnte Blättchen, die ausgezeichnet zu den rötlich violetten Blüten passen. Ganz anders sieht *K. tomentosa* mit den silbrigen und an den Blatträndern bräunlichen Härchen aus. Die große Vielfalt lädt dazu ein, eine Sammlung verschiedener Kalanchoen zu beginnen. So unterschiedlich die Arten aussehen, ihre Pflegeansprüche sind recht ähnlich.

Im Frühling erscheinen rosa Blüten.

LICHT
Reichlich helles Licht. Je silbriger oder behaarter die Blätter sind, desto mehr direkte Sonne vertragen sie.

TEMPERATUR
Normale Raumtemperatur, im Winter darf es kühler sein, jedoch nicht unter 10 °C.

WASSER
Kalanchoen werden eher trocken gehalten und von unten bewässert. Das Substrat zwischen den Wassergaben antrocknen lassen und im Winter nur sparsam versorgen. Vor allem *K. blossfeldiana* neigt zu Fäulnis, wenn sie zu feucht gehalten wird.

ÜBERLEBENSSTRATEGIE
Alle Arten brauchen wenig Wasser. Verwelkte Blüten der *K. blossfeldiana* abzupfen, damit sie nicht zwischen die Blätter fallen und Fäulnis verursachen. Monatlich mit einem Universal-Flüssigdünger versorgen, lediglich *K. blossfeldiana* braucht alle 2 Wochen eine Portion Nährstoffe.

GRÖSSE
45 cm

STANDORT
Badezimmer

Weitere Arten

K. blossfeldiana 'Calandiva', das »Flammende Käthchen«, wird 30 cm hoch und bildet große Gruppen zierlicher, gefüllter Blüten.

K. manginii -Hybriden haben besonders große Blüten und eine lange Blühsaison. Die locker verzweigten Stiele werden 25–30 cm lang.

K. blossfeldiana-Hybriden (»Flammendes Käthchen«) gibt es mit Blüten in Feuerrot und in Pastelltönen.

◁ *K. tomentosa* lädt zum Streicheln ein. Die braunen Ränder verblassen bei älteren Pflanzen. Bis 1 m Höhe.

Lantana camara

Wandelröschen

Diese mehrjährige Staude ist eine hübsche, anhaltend blühende Zimmerpflanze, die auch als Kübelpflanze beliebt ist. In kommerziell geführten Plantagen der Tropen gilt sie allerdings als hartnäckiges Unkraut. Die Blütenstände setzen sich aus mehreren Einzelblüten zusammen, die im Lauf ihres Lebens die Farbe ändern, sodass jede Pflanze Blüten in mehreren Farben trägt – von Orangeweiß über Rot bis Rosa. Aus den Blüten entwickeln sich dunkelblau glänzende Beeren, die aber nicht essbar sind.

L. camara 'Snow White'

LICHT

Das Wandelröschen braucht jeden Tag Sonne. Im Winter sollte es einen möglichst hellen Platz bekommen.

TEMPERATUR

Zimmertemperatur mit einem winterlichen Minimum vom 10 °C. Verträgt große Hitze.

WASSER

Pflanzen im Wachstum brauchen regelmäßig Wasser. Im Winter, wenn das Wandelröschen nicht wächst, das Substrat nur gerade feucht halten.

ÜBERLEBENSSTRATEGIE

Halten Sie die Augen nach Weißen Fliegen offen (*Seite 187*), die diese Pflanze häufig heimsuchen. Während der Wachstumszeit regelmäßig düngen.

GRÖSSE

70 cm

STANDORT

Wintergarten

Lavandula x christiana

Lavendel

Im Winter rechnet man eigentlich nicht mit blühendem Lavendel, doch bei ausreichend Wärme (etwa 10–15 °C) und gutem Licht kann diese etwas frostempfindliche Art ganzjährig blühen. Das silbrige Laub ist weich und sehr fein geschnitten. Es harmoniert sehr gut mit dem sanften Blau der Blüten. Die typischen Lavendelblüten stehen an schlanken Stielen, die bis zu 1 m Höhe erreichen können, meist aber etwas kürzer bleiben.

LICHT
So viel Licht wie möglich. Volle Sonne ist empfehlenswert.

TEMPERATUR
Ideal ist eine ganzjährige Temperatur von 16–18 °C, im Winter nicht unter 2–3 °C.

WASSER
Lavendel verträgt Trockenheit und mag keine nassen Wurzeln. Bei niedriger Temperatur im Winter das Substrat nur gerade feucht halten. Im Sommer alle 3 Wochen düngen.

ÜBERLEBENSSTRATEGIE
Die wüchsige Pflanze braucht Platz, kann aber nach der Blüte oder im Hoch- bis Spätsommer kräftig gestutzt werden. Sie kann problemlos in einem kühlen Raum überwintert werden, allerdings bildet sie bei niedriger Temperatur keine Blüten.

GRÖSSE
65 cm

STANDORT
Südfenster

Lotus maculatus

Hornklee

Diese Pflanze stammt von den Kanarischen Inseln und sieht hinreißend aus, wenn sie dicht mit papageischnabelförmigen Blüten in leuchtendem Orange besetzt ist. Außerhalb der Blütezeit bildet sie ein interessantes Gewirr aus hängenden, 70–80 cm langen Trieben mit fein geschnittenen, grauen Blättern. Daher kommt sie auf einem Regal oder in einer Hängeampel gut zur Geltung. *L. berthelotii* sieht ähnlich aus, trägt aber rote Blüten.

LICHT
Braucht ganzjährig einen hellen Platz und verträgt auch volle Sonne.

TEMPERATUR
Ideal ist ganzjährig Zimmertemperatur (18–24 °C), im Winter nicht kälter als 5–6 °C.

WASSER
Während der Wachstumszeit muss das Substrat immer feucht sein, bei kühler Überwinterung eher trocken halten.

ÜBERLEBENSSTRATEGIE
Regelmäßiges Düngen regt die Blüte an. Zu lange oder kahle Triebe können jederzeit zurückgeschnitten werden. Vor allem im Winter ist ein heller Platz unbedingt erforderlich.

GRÖSSE
25 cm

STANDORT
Hängeampel

Mandevilla x *amabilis* 'Alice du Pont'

Falscher Jasmin

Mandevilla sind Schlingpflanzen, die an einem Spalier oder an Drähten am besten zur Geltung kommen. Die verschiedenen Arten haben annähernd gleiche Pflegeansprüche. Wer sie lieber kompakt halten möchte, schneidet die Triebe nach der Blüte zurück und windet sie um einen Ring. *M. laxa* hat duftende Blüten und ist weniger wärmebedürftig.

LICHT
Nur bei gutem Licht bilden die Pflanzen Blüten. Sengende Sonne vertragen sie allerdings nicht.

TEMPERATUR
Günstig ist normale Zimmertemperatur (18–24 °C), im Winter nicht unter 15–16 °C.

WASSER
Während des Wachstums regelmäßig gießen. Große Pflanzen in kleinen Töpfen brauchen an warmen Tagen eventuell täglich Wasser. Im Winter sparsamer gießen, aber den Ballen nicht ganz austrocknen lassen, sonst verliert die Pflanze ihre Blätter.

ÜBERLEBENSSTRATEGIE
Blüten erscheinen nur an den jungen Trieben, darum sollte man die Pflanzen nach der Blüte kräftig zurückschneiden und so die Bildung neuer Triebe anregen.

GRÖSSE
45 cm

STANDORT
Wintergarten

Maranta leuconeura var. *erythroneura*

Bunte Pfeilwurz

Die Pfeilwurz ist eine dekorative Blattpflanze, die auf dem Boden tropischer Regenwälder heimisch ist. Manche Arten haben eine so akkurate Blattzeichnung, dass man sie für künstlich halten könnte. Das gilt besonders für die rot gemusterten Blätter. Wegen des niedrigen, kriechenden Wuchses eignen sie sich als Unterpflanzung höherer Arten, die ihnen Schutz vor Sonnenlicht geben. Am Abend rollen sich die Blätter ein und stellen sich senkrecht. Dieser Gewohnheit verdankt die Pflanze ihren volkstümlichen Namen »Gebetspflanze«. Vom Hochsommer bis in den Herbst können sich unscheinbare Blüten zeigen, die man am besten entfernt.

Die Blattadern bilden ein Fischgrätmuster.

LICHT
Ideal ist helles, indirektes Licht, aber keine direkte Sonne.

TEMPERATUR
Ganzjährig sind mindestens 16 °C notwendig. Bei Hitze muss für hohe Luftfeuchtigkeit gesorgt werden.

WASSER
Im Sommer reichlich gießen, bei niedrigerer Temperatur weniger Wasser geben.

ÜBERLEBENSSTRATEGIE
Trockene Luft mag die Pfeilwurz nicht. Je wärmer es ist, desto mehr Luftfeuchtigkeit braucht sie. Die hübschen Blätter regelmäßig mit einem feuchten Tuch entstauben und Wasserspritzer vermeiden, da sie helle Flecken verursachen.

GRÖSSE
80 cm

STANDORT
schattiger Wohnbereich

Monstera deliciosa

Fensterblatt

Neben der Schusterpalme gehört das Fensterblatt zu den Zimmerpflanzen, die besonders oft stiefmütterlich behandelt werden. Es hat aber aus gutem Grund viele Anhänger, denn es ist eine der besten und unkompliziertesten Blattpflanzen überhaupt. Eigentlich ist es eine Kletterpflanze – wundern Sie sich also nicht, wenn sie Luftwurzeln ausstreckt, die Halt suchen. Die Pflanze braucht Platz, denn sie wird sehr groß. Einzelne Blätter können bis 60 cm Durchmesser erreichen. Gesunde Pflanzen an einem hellen Platz haben tief gelappte Blätter mit großen Löchern. In der Natur dienen die Löcher dazu, den Windwiderstand zu reduzieren, was in den meisten Wohnungen wohl weniger notwendig ist.

M. deliciosa 'Variegata'

LICHT

Damit sich die Blätter gut entwickeln, brauchen sie helles Licht, aber keine pralle Sommersonne.

TEMPERATUR

Fühlt sich bei Zimmertemperatur (18–24 °C) wohl und sollte im Winter nicht unter 10 °C stehen.

WASSER

Während der sommerlichen Wachstumszeit regelmäßig gießen. Im Winter sparsamer gießen und nasse Füße unbedingt vermeiden. Je höher die Temperatur, desto höher sollte auch die Luftfeuchtigkeit sein, sonst werden die Blattspitzen braun.

ÜBERLEBENSSTRATEGIE

Die Blätter gelegentlich mit einem feuchten Tuch entstauben. Bei warmem Wetter regelmäßig einsprühen, um die Luftfeuchtigkeit zu erhöhen. Wird die Pflanze zu groß, kann sie im Frühling zurückgeschnitten werden und bildet dann rasch Seitentriebe.

GRÖSSE

1,5 m

STANDORT

großes Badezimmer

Show time | Pflanzen im Bad

Tillandsia cyanea, ***S.165***

Wer die Natur ins Haus holen will, sollte an der Badezimmertür nicht Halt machen. Gerade den harten Fliesenflächen tun einige Pflanzen gut. Dass im Bad die Luftfeuchtigkeit höher ist als in anderen Räumen, wissen viele Arten zu schätzen. Auch die Helligkeit sollten Sie nicht unterschätzen, denn das Licht wird von Fliesen und Spiegeln reflektiert.

Phalaenopsis, **S.133**

Asplenium nidus, **S.31**

Adiantum capillus-veneris, **S.20**

Soleirolia soleirolii, **S.154**

Musa acuminata 'Dwarf Cavendish'

Banane

Sie möchten eigene Bananen ziehen? Dann sollten Sie es mit dieser Art probieren, obwohl es keine Erntegarantie gibt. Doch auch ohne Früchte ist die Pflanze mit den großen, paddelförmigen Blättern von bis zu 1 m Länge ein Blickfang, zumal sie bei guter Pflege bis 2 m hoch werden kann. Früchte trägt sie nur bei gleichmäßiger Wärme – tagsüber um 28 °C und nachts nach Möglichkeit nicht unter 18 °C.

Die Blätter können beeindruckend groß werden.

LICHT
Ganzjährig helles Licht, aber keine direkte Sonne.

TEMPERATUR
Bei normaler Zimmertemperatur entwickeln sich die Pflanzen gut. Im Winter sollte es nicht kälter als 10 °C sein.

WASSER
Während der Wachstumszeit regelmäßig kontrollieren und gut feucht halten. Im Winter das Gießen einschränken, aber den Ballen nicht austrocknen lassen.

ÜBERLEBENSSTRATEGIE
Bananen brauchen feuchte Luft und sollten im Frühling und Sommer wöchentlich mit Universal-Flüssigdünger versorgt werden. Die Blätter nur mit einem weichen Staubwedel säubern. Triebe, die Früchte tragen, sterben ab, werden aber durch neue ersetzt.

GRÖSSE
bis 2 m

STANDORT
Wintergarten

Nematanthus gregarius

Goldfischpflanze

Als junge Pflanzen wachsen sie buschig und aufrecht. Die Triebe können aber über 60 cm lang werden, darum ist dies eine ideale Ampelpflanze. Die Hauptblütezeit liegt im Sommer, doch bei ausreichend Wärme zeigen sich selbst im Winter vereinzelte Blüten. Auch die glänzend grünen Blätter sehen sehr attraktiv aus.

LICHT
Braucht ganzjährig helles, aber diffuses Licht.

TEMPERATUR
Normale Zimmertemperatur genügt. Im Winter sollte es nicht kälter als 14 °C sein.

WASSER
Nur mit weichem Wasser gießen. Im Sommer das Substrat feucht, aber nicht nass halten. Im Winter, vor allem bei schwachem Licht und niedriger Temperatur, nur sparsam gießen.

ÜBERLEBENSSTRATEGIE
In den Sommermonaten alle 2–3 Wochen mit einem Universal-Flüssigdünger in doppelter Verdünnung versorgen.

GRÖSSE
33 cm

STANDORT
Hängeampel

Nephrolepis exaltata 'Sonata'

Aufrechter Schwertfarn

Farne wirken frisch und kühl – das gilt auch für diese Art mit ihren ausladenden Wedeln, die einen üppigen, dichten Schopf bilden. Der Schwertfarn sieht einzeln stehend gut aus, passt aber auch gut zu anderen Grünpflanzen wie *Calathea*, *Asparagus* oder *Hedera*. Braune und abgeknickte Wedel sollten regelmäßig entfernt werden, damit die Pflanze ordentlich aussieht.

LICHT
Braucht einen hellen Standort, verträgt aber keine pralle Mittagssonne.

TEMPERATUR
Gedeiht gut bei normaler Zimmertemperatur (18–24 °C). Im Winter nicht unter 10 °C.

WASSER
Zum Gießen und Sprühen nur weiches Wasser verwenden. Im Sommer verdunstet das üppige Laub viel Wasser, der Farn muss also oft gegossen werden. Wenn die Wurzeln trocken sind, färben sich die Wedel schnell braun.

ÜBERLEBENSSTRATEGIE
Steht der Schwertfarn in einem warmen Raum, wächst er auch im Winter, muss also häufig gegossen werden. Auch Besprühen mit weichem Wasser tut ihm gut. Im Sommer regelmäßig mit einem Universal-Flüssigdünger in doppelter Verdünnung versorgen.

GRÖSSE
55 cm

STANDORT
Badezimmer, Küche

Nertera granadensis

Korallenmoos

Wer diese Pflanze anschaut, muss unweigerlich schmunzeln. Die leuchtend orangefarbenen Beeren sehen aus, als wären sie für das winzige Laub, auf dem sie stehen, viel zu schwer. Im Frühsommer trägt das Korallenmoos kleine, gelblich grüne Blüten, aus denen sich Früchte entwickeln. Das leuchtende Orange bildet sich nur langsam heraus, aber die Früchte halten einige Monate lang. Es ist eine unkomplizierte und niedliche Pflanze.

Eine Art mit weißen Beeren ist ebenfalls erhältlich.

LICHT
Viel Licht, auch direkte Sonne, jedoch im Sommer keine pralle Mittagssonne.

TEMPERATUR
Die Pflanze hat es gern kühl: Im Sommer genügen 14–15 °C, im Winter 5–6 °C.

WASSER
Der Ballen darf niemals austrocknen. Im Sommer recht feucht halten, im Winter die Wassermenge reduzieren. Das Gießen von unten ist einfacher, aber nicht unbedingt notwendig.

ÜBERLEBENSSTRATEGIE
Hohe Luftfeuchtigkeit fördert die Blüten- und die Fruchtbildung. Darum bekommt es dem Korallenmoos gut, wenn es während der Blüte bis zum Fruchtansatz täglich eingesprüht wird.

GRÖSSE
10 cm

STANDORT
Ost- oder Westfenster

Nolina recurvata syn. *Beaucarnea recurvata*

Ponyschwanz

Diese eigentümliche Pflanze stammt aus den Halbwüsten Mexikos und der südlichen USA. Aus dem dicken, knollenförmigen Fuß erhebt sich ein holziger Stamm. An seiner Spitze sprießen Tuffs aus dunkelgrünen Blättern. Große Exemplare eignen sich gut als Blickfang für den Wintergarten oder einen hellen Wohnraum. Wenn der Ponyschwanz reichlich Licht bekommt und nicht ertränkt wird, ist er recht pflegeleicht.

LICHT
In der Natur wächst der Ponyschwanz in offenem Gelände, er braucht also viel Licht.

TEMPERATUR
Im Winter nicht unter 7 °C, während der übrigen Jahreszeiten genügen Temperaturen zwischen 16 und 20 °C.

WASSER
Im Sommer regelmäßig gießen, im Winter nur sparsam. Weil die Pflanze aus wüstenartigem Klima stammt, darf sie keinesfalls im Wasser stehen.

ÜBERLEBENSSTRATEGIE
Um Staunässe zu vermeiden, sollte der Ponyschwanz in sehr durchlässiges Substrat gepflanzt werden.

GRÖSSE
1 m

STANDORT
Wintergarten

Olea europaea

Olivenbaum

Wer Oliven vom eigenen Baum ernten möchte, sollte sich auf eine Enttäuschung gefasst machen. Es mag sein, dass sich nach der Blüte kleine Früchte entwickeln, doch damit sie genießbar werden, ist eine aufwändige Behandlung mit Natron erforderlich. Trotzdem sind Olivenbäumchen mit ihrem buschigen Wuchs und den graugrünen Blättern mit silbriger Unterseite sehr attraktiv und langlebig. Im Sommer können sie auch in den Garten gestellt werden.

Duftende Blüten erscheinen im Sommer.

LICHT

Ganzjährig viel Licht, auch direkte Sonne. Im Sommer tut den Pflanzen ein sonniger Platz im Freien gut.

TEMPERATUR

Ganzjährig normale Zimmertemperatur. Ältere Pflanzen vertragen Wintertemperaturen bis -2 °C.

WASSER

Obwohl man bei Oliven an heiße, trockene Länder denkt, brauchen die Bäume im Sommer reichlich Wasser, damit sie kräftig wachsen. Im Winter sparsam gießen.

ÜBERLEBENSSTRATEGIE

Um zu blühen, brauchen Oliven eine mindestens 2 Monate lange Ruhephase bei Temperaturen unter 10 °C. Nach der Blüte oder im Hochsommer können sie zurückgeschnitten werden, damit sie nicht zu groß werden und schön buschig wachsen.

GRÖSSE

90 cm

STANDORT

Wintergarten

Pachira aquatica

Rasierpinselbaum

Die stattliche Pflanze mit den großen, siebenfingrigen Blättern wird manchmal als Hochstamm mit geflochtenen Stielen angeboten. Sie kann zu einem hohen Baum heranwachsen, nimmt aber auch einen Rückschnitt nicht übel, sie lässt sich also gut im Zaum halten. Die pflegeleichten Pflanzen vertragen gelegentliche Vernachlässigung, sprechen aber auf etwas Fürsorge gut an. Manchmal entwickeln sich auch bei Zimmerkulturen aus den Blüten essbare, vielsamige Früchte mit Kastanienaroma. Obwohl die Pflanzen groß werden, sind selbst große Exemplare mit einem 30-cm-Topf zufrieden. Der Rasierpinselbaum ist ein ausgezeichneter Blickfang für den Wintergarten oder das Wohnzimmer.

LICHT
Braucht einen hellen Platz und gelegentlich Sonne, aber keine pralle Mittagssonne.

TEMPERATUR
Normale Zimmertemperatur (18–24 °C), im Winter nicht unter 14 °C.

WASSER
Der botanische Name verrät, dass die Pflanze aus Feuchtgebieten stammt. Trotzdem nimmt sie gelegentliche Wurzeltrockenheit nicht übel. Am besten gedeiht sie bei reichlichem Gießen im Sommer und geringeren Wassermengen im Winter.

ÜBERLEBENSSTRATEGIE
Dies ist eine der anspruchslosesten Pflanzen. Ein Problem ist das starke Wachstum, das sich aber durch Rückschnitt eindämmen lässt. Sie dankt es, wenn sie während der Wachstumszeit alle 2 Wochen mit einem Universal-Flüssigdünger versorgt wird.

GRÖSSE
75 cm

STANDORT
Wohnzimmer, Wintergarten

Paphiopedilum 'Pinocchio Alba'

Venusschuh

Es gibt Dutzende von Venusschuh-Orchideen mit Blüten in verschiedenen Größen, Farben und Formen. Manche sind heikel, andere unkomplizierter, die meisten im Handel angebotenen Sorten stellen aber keine großen Ansprüche. Die langlebigen Blüten erscheinen vom Herbst an den ganzen Winter hindurch bis in den Frühling. Man kann allerdings fast ganzjährig blühende Exemplare kaufen. Die Blüten sind faszinierend zu beobachten, denn sie öffnen sich sehr langsam und können einen oder zwei Monate halten.

P. 'Pinocchio'

LICHT

Ideal ist ein halbschattiger Platz ohne direktes Sonnenlicht.

TEMPERATUR

Zimmertemperatur genügt. Die Blütenbildung wird angeregt, wenn sie im Winter 3–4 °C kühler steht.

WASSER

5–6 Wochen nach der Blüte sollte das Substrat fast austrocknen. Während der übrigen Zeit das Substrat leicht feucht halten. Dazu den Topf 5 Minuten in Wasser tauchen, gut abtropfen lassen und wieder in den Übertopf stellen.

ÜBERLEBENSSTRATEGIE

Die Blätter sollten nicht feucht werden, sonst faulen sie. Schlaffe Blütenstiele an einen Bambusstab binden. Im Sommer dem Gießwasser alle 3 Wochen einen Orchideendünger beimischen. Das Substrat sollte sehr grob und durchlässig sein.

GRÖSSE

40 cm

STANDORT

Schlafzimmer, Badezimmer, Küche

Passiflora 'Lady Margaret'

Passionsblume

Es gibt viele Passionsblumen-Sorten, die sich gut als Zimmerpflanzen eignen, wenngleich sie sehr wuchsfreudig sind. Im Handel findet man allerdings meist *P. caerulea*, die übrigens in den meisten Regionen auch im Garten gedeiht. Die prächtigen Blüten der kälteempfindlicheren Sorten wie 'Lady Margaret' oder Arten wie *P. antioquiensis*, *P. coccinea* und die eindrucksvolle *P. quadrangularis* sind für jeden Wintergarten eine Bereicherung. Damit die Pflanzen nicht zu groß werden, können sie im Frühling zurückgeschnitten werden. Haupttriebe werden auf 25 cm gekürzt, Seitentriebe älterer Pflanzen auf 3–4 cm. Schneiden Sie ruhig radikal, die Pflanze nimmt es nicht übel.

P. caerulea

LICHT
Um kräftig zu wachsen und reich zu blühen, brauchen Passionsblumen sehr viel Licht.

TEMPERATUR
Im Winter nicht unter 10–11 °C. Nur *P. caerulea* verträgt auch Frost.

WASSER
Wegen der großen Laubmasse sind Passionsblumen durstig und müssen vor allem im Sommer regelmäßig gegossen werden. Wenn das Wachstum im Winter stagniert, wird nur wenig gegossen.

ÜBERLEBENSSTRATEGIE
Die wuchsfreudigen Pflanzen brauchen regelmäßig Wasser und Dünger. Neue, lange Triebe werden an ein Spalier gebunden oder um einen Reifen geschlungen. Die Pflanze klammert sich selbst mit Halteranken an ihrer Stütze fest.

GRÖSSE
75 cm

STANDORT
Wintergarten

Pelargonium 'Peggy Sue'

Pelargonie, Geranie

Es gibt Hunderte verschiedener Pelargoniensorten. Obwohl einige sehr attraktives Laub haben, sind doch die üppig runden Blütenköpfe ihr besonderer Vorzug. Bei Wärme und gutem Licht blühen sie fast ganzjährig. *P. grandiflorum* hat besonders große Blüten in einem Farbspektrum von Weiß, Lila und Rosa bis Dunkelrot. Besonders verbreitet ist aber *P. zonale* mit dunklerer Blattzeichnung und großen Blütenständen aus vielen kleinen Einzelblüten.

P. 'Nellie Nuttal'

LICHT
Vor allem im Winter brauchen Pelargonien viel Licht. Sie vertragen direkte Sonne.

TEMPERATUR
Ideal ist Zimmertemperatur (18–24 °C). Bei schwachem Licht im Winter sollten die Pflanzen kühl stehen.

WASSER
Pelargonien vertragen gelegentliches Austrocknen, sollten im Sommer aber feucht gehalten werden. An einem warmen, hellen Platz auch im Winter regelmäßig gießen. Bei kühler Überwinterung das Gießen einschränken.

ÜBERLEBENSSTRATEGIE
Achten Sie auf Weiße Fliegen und Blattläuse (*Seite 187*). Verwelkte Blüten abzupfen, weil sie vor allem bei hoher Luftfeuchtigkeit Blattfäule verursachen können. Regelmäßig düngen. Im Frühling kräftig stutzen, damit die Pflanzen kompakt und buschig bleiben.

GRÖSSE
40 cm

STANDORT
sonniges Fenster

Peperomia caperata-Hybriden

Zwergpfeffer

Die rattenschwanzförmigen Blüten sind wohl das markanteste Merkmal, das alle Peperomien gemeinsam haben. Lediglich bei einigen Hybriden der *P. caperata* ist die Spitze des Blütenstandes abgeflacht. Die Blätter dagegen sind ausgesprochen vielgestaltig. Manche sind rund, fleischig und glänzend, andere haben Runzeln oder schimmern silbrig. Die meisten Arten wachsen kompakt, einige bilden jedoch lange, hängende Triebe. Peperomien gedeihen gut im Halbschatten. Stellen Sie doch einmal eine »Collage« aus verschiedenen Blattformen und -farben zusammen!

AUSPUTZEN Verwelkte Blüten werden an der Stängelbasis entfernt, damit sie keine Fäulnis verursachen.

LICHT
Braucht helles, diffuses Licht. Direkte Sonne verträgt sie nicht.

TEMPERATUR
Normale Zimmertemperatur. Im Winter darf es auch kühler sein, jedoch nicht unter 14–15 °C.

WASSER
Peperomien faulen leicht, wenn sie zu feucht gehalten werden. Gießen Sie nur sparsam und lassen Sie das Substrat zwischendurch antrocknen. Zwischen die dichten Stiele sollte kein Wasser gelangen. *P. caperata* am besten erst gießen, wenn die Blätter beginnen, schlaff zu werden.

ÜBERLEBENSSTRATEGIE
Bei zu großzügig gegossenen Peperomien faulen die dicht stehenden Stiele leicht, vor allem, wenn welke Blüten und Blätter nicht entfernt wurden. Pflanzt man sie in durchlässige Tontöpfe, ist das Fäulnisrisiko geringer.

GRÖSSE
40 cm

STANDORT
Badezimmer

Weitere Sorten

P. obtusifolia wird nur 25 cm hoch und hat runde, glänzende Blätter, manchmal mit lebhafter, heller Zeichnung.

P. caperata 'Luna Red' bildet einen kompakten Schopf aus runzligen Blättern mit winzigen, rosa überhauchten Blüten.

P. rotundifolia bildet eine kaum 3 cm hohe Matte aus runden Blättchen und trägt im Sommer manchmal gelblich grüne Blütenstände.

◁ *P. griseo-argentea* wird etwa 15 cm hoch, hat dekorativ silbrig schimmernde Blätter und trägt im Sommer 8 cm hohe, grüne »Rattenschwänze«.

Show time | Schattenliebhaber

Dracaena fragrans Deremensis-Gruppe 'Lemon and Lime', *S. 76–77*

In manche Bereiche der Wohnung fällt so wenig Tageslicht, dass sie für Pflanzen ungeeignet scheinen. Irrtum! Zum Glück haben sich einige Pflanzen daran gewöhnt, in der Natur im Schatten größerer Nachbarn zu leben. Viele haben große, dunkelgrün glänzende, üppige Blätter und eignen sich ausgezeichnet für Flure, Treppenhäuser oder dunklere Ecken des Wohnbereichs.

Aspidistra elatior, ***S.30***

Adiantum capillus-veneris, ***S.20***

Monstera deliciosa, ***S.115***

Pericallis x *hybrida* 'Brilliant'-Serie

Gärtner-Cinerarie

Die traditionelle Zimmerpflanze sollte man als kurzlebigen Raumschmuck verwenden und nach der Blüte wegwerfen. Kauft man aber eine Pflanze mit Knospen und stellt sie kühl, hat man einige Wochen Freude an ihr. Die margeritenartigen Blüten haben leuchtende Farben – Rosa, Blau, Rot, Kupferorange und Weiß. Manche sind einfarbig, andere haben ein kontrastfarbiges Auge.

P. x *hybrida* 'Spring Glory'-Serie

LICHT
Ein heller, eher kühler Platz ohne direkte Sonneneinstrahlung ist ideal.

TEMPERATUR
Bei Temperaturen zwischen 14 und 16 °C halten die Blüten länger als in einem stark geheizten Raum.

WASSER
Wurzeltrockenheit verkürzt die Blüte erheblich. Das Substrat sollte immer feucht, aber nicht nass sein.

ÜBERLEBENSSTRATEGIE
Die Blüten halten länger, wenn die Pflanze kühl steht und genug Wasser bekommt. Weil sie nur ein Kurzzeitgast ist, braucht nicht gedüngt zu werden. Blattläuse und Weiße Fliegen (*Seite 187*) können lästig werden.

GRÖSSE
40 cm

STANDORT
helles Esszimmer

Phalaenopsis-Sorten

Malayenblume

Wer elegant geschwungene, bis 90 cm hohe Stiele mit großen Blüten sucht, ist hier richtig. Von dieser Orchideen-Art gibt es viele Zuchtformen mit Blüten in Rosa, Weiß und Rot mit unterschiedlichsten Zeichnungen, doch die Pflegeansprüche unterscheiden sich nicht. In der Natur wächst die *Phalaenopsis* epiphytisch (d.h. auf Bäumen, nicht in der Erde) und hält sich mit langen Wurzeln fest. Auf der Suche nach Nährstoffen und Halt kriechen die Wurzeln auch aus dem Topf und breiten sich auf der Substratoberfläche aus. Weil sie Chlorophyll enthalten und somit aus Sonnenlicht Energie erzeugen, ist es vorteilhaft, die Pflanzen in offenen Körben oder transparenten Töpfen zu halten. So sieht man auch leichter, ob die Wurzeln feucht oder trocken sind.

Blüten können zu jeder Jahreszeit erscheinen.

LICHT
Helles Licht, aber keine direkte Sonne. Um die Blüte anzuregen, ist im Winter auch Kunstlicht gut.

TEMPERATUR
Ideal sind etwa 20 °C bei hoher Luftfeuchtigkeit. Nachts sollte die Temperatur um 3–4 °C absinken.

WASSER
Während der Wachstumszeit reichlich gießen, im Winter aber fast trocken halten. Regelmäßiges Einsprühen tut den Pflanzen gut, die Blüten sollten dabei aber abgedeckt werden. Wassertropfen auf den Blättern verursachen bei niedrigen Temperaturen schnell Fäulnis.

ÜBERLEBENSSTRATEGIE
Im Sommer den Topf alle 14 Tage für 5 Minuten in Wasser mit Orchideendünger tauchen und abtropfen lassen. Nach der Blüte den Stiel bis zur zweituntersten Knospe zurückschneiden. Wer lieber unverzweigte Blütentriebe mag, entfernt die alten Stiele ganz.

GRÖSSE
65 cm

STANDORT
Badezimmer

Philodendron erubescens

Philodendron

Philodendren gehören zu den attraktivsten Blattpflanzen. *P. erubescens*, dessen Artname sich von dem griechischen Wort für Rot ableitet, hat zahlreiche Unterarten, manche mit rötlichen Blättern, andere mit sanfter, goldgelber Zeichnung. Besonders verbreitet ist aber der kletternde *P. scandens* mit herzförmigen Blättern und Luftwurzeln, die sich beispielsweise an einem Moosstab festhalten. Ohne Stütze bilden sie einen üppigen, hängenden Blattvorhang. Der beeindruckende *P. bipinnatifidum* braucht viel Platz, damit seine ungewöhnlichen Blätter gut zur Geltung kommen. Philodendren sind sehr pflegeleicht, aber etwas anfällig für Schildläuse (*Seite 187*).

WASSERVORRAT Schneiden Sie von einer Plastikflasche den Boden ab und stechen Sie in den Deckel ein kleines Loch.

LICHT
Für eine schöne Blattfärbung ist helles Licht notwendig. Pralle Mittagssonne kann die Blätter verbrennen.

TEMPERATUR
Normale Zimmertemperatur (18–24 °C) ist empfehlenswert, im Winter nicht unter 14–15 °C.

WASSER
Während des Wachstums regelmäßig gießen und das Substrat feucht, aber nicht nass halten. Verlangsamt sich das Wachstum im Winter, weniger gießen und das Substrat zwischen den Wassergaben antrocknen lassen.

ÜBERLEBENSSTRATEGIE
Die Blätter gelegentlich mit einem feuchten Tuch abwischen, damit sie schön glänzen. Kletternde Arten an einen Moosstab binden und das Moos feucht halten, damit die Luftwurzeln Halt finden. Während der Wachstumsphase im Sommer regelmäßig düngen.

GRÖSSE
1,5 m

STANDORT
Badezimmer

Weitere Sorten

P. bipinnatifidum hat einen kräftigen Stamm mit kräftigen, tief gelappten Blättern und dicken, schlangenartig geschuppten Luftwurzeln.

P. domesticum 'Fantasy' hat spatenförmige Blätter und kann bis in 6 m Höhe klettern. Verträgt auch niedrigere Luftfeuchtigkeit.

P. 'Imperial Red' klettert nicht und wird etwa 1 m hoch. Die roten Blätter vergrünen mit zunehmendem Alter.

◁ *P. scandens* 'Cobra' verliert auch im Schatten seine lebhafte Blattzeichnung nicht, dankt aber im Winter einen Platz in Fensternähe.

Phoenix canariensis

Kanarische Dattelpalme

Die pflegeleichte Palme bildet mit zunehmendem Alter einen rundlichen, faserigen Stamm. Die Blätter sind hart und spitz, aber sehr schön angeordnet. Die Dattelpalme gedeiht im Wintergarten, trägt aber im Haus keine Früchte. Sie verträgt erstaunlich viel Kälte. Im Winter darf die Temperatur bis nahe an den Gefrierpunkt fallen, wenn die Pflanze trocken gehalten wird. *P. roebelenii* ist eine zartere Art mit weicheren Wedeln, die Kälte nicht gut verkraftet.

LICHT

Die robusten Blätter dieser Pflanze vertragen direktes Sonnenlicht. Im Schatten fühlt sie sich nicht wohl.

TEMPERATUR

Die Dattelpalme übersteht zwar kalte Winter, gedeiht aber am besten bei Zimmertemperatur (18–24 °C).

WASSER

Während des Wachstums im Sommer reichlich gießen. Im Winter das Substrat nur eben feucht halten.

ÜBERLEBENSSTRATEGIE

Regelmäßige Düngung im Sommer sorgt dafür, dass die Blätter ihr schönes Dunkelgrün behalten. Weil die Blätter sehr spitz sind, sollte die Pflanze nicht in Augenhöhe kleiner Kinder stehen.

GRÖSSE

65 cm

STANDORT

Wintergarten

Pilea cardierei

Kanonierblume

Kanonierblumen sind hübsche, kleine Grünpflanzen mit unterschiedlichen Blattformen. *P. cardierei* stammt aus Vietnam und hat wellige Blätter mit silbriger Zeichnung. *P. involucrata* macht durch stark strukturierte Blätter mit lebhaftem Muster auf sich aufmerksam. Die relativ kurzlebige *P. microphylla* hat winzige, farnartige Blätter und macht dem deutschen Namen alle Ehre: Wenn die Blüten reif sind, explodieren sie und »schießen« den Pollen in alle Richtungen. Alle Kanonierblumen brauchen ähnliche Standortbedingungen und eignen sich darum gut für Gruppenarrangements.

P. microphylla

P. involucrata

LICHT
Halbschatten ist ideal, pralle Sonne vertragen die Kanonierblumen nicht.

TEMPERATUR
Braucht bei Wärme eine hohe Luftfeuchtigkeit. Die winterliche Mindesttemperatur liegt bei 11–14 °C.

WASSER
Während des Wachstums das Substrat feucht, aber nicht nass halten. Bei niedrigeren Temperaturen im Winter legt die Pflanze eine Ruhezeit ein. Dann nur wenig gießen und zwischendurch das Substrat antrocknen lassen.

ÜBERLEBENSSTRATEGIE
Die Pflanze mag es nicht zu nass. Während des Wachstums im Sommer alle 14 Tage mit einem Universal-Flüssigdünger versorgen. Ältere Pflanzen werden staksig. Man kann sie zwar zurückschneiden, um die Verzweigung der Triebe anzuregen, doch besser ist es, sie zu ersetzen.

GRÖSSE
20 cm

STANDORT
Tisch

Platycerium bifurcatum

Gewöhnlicher Geweihfarn

Dieser eigentümliche Farn hat einen absolut treffenden Namen. Normalerweise wächst er auf Bäumen in warmen Gebieten mit hoher Luftfeuchtigkeit. Ähnliche Ansprüche stellt er auch im Haus, doch bei guter Behandlung kann er recht stattlich werden. Der Farn hat zwei Arten von Wedeln. Eine hält den Farn auf dem Baum, streckt sich von der Pflanzenbasis aus und wird mit der Zeit braun. Die andere bildet die oberen, grünen »Blätter«.

LICHT

Der Geweihfarn mag es hell, braucht aber bei direkter Sonnenbestrahlung eine hohe Luftfeuchtigkeit.

TEMPERATUR

Zimmertemperatur (18–24 °C) ist empfehlenswert, im Winter sollte es nicht kälter als 13 °C sein.

WASSER

Die flachen »Stützwedel« hängen meist über den Topfrand, sodass es schwierig ist, mit dem Finger die Feuchtigkeit des Substrats zu prüfen oder von oben zu gießen. Wenn die Blätter schlaff werden, den Topf am besten tauchen und gut abtropfen lassen. Im Winter nur ganz kurz eintauchen.

ÜBERLEBENSSTRATEGIE

Im Sommer monatlich mit einem Universal-Flüssigdünger in doppelter Verdünnung versorgen. Im Winter nicht düngen. Hohe Luftfeuchtigkeit und regelmäßiges Einsprühen sind empfehlenswert. Die Wedel sind mit einem feinen Flaum bedeckt, darum wird Staub nicht abgewischt.

GRÖSSE

35 cm

STANDORT

Hängeampel

Plumbago auriculata

Kap-Bleiwurz

Eine bezaubernde Pflanze von großer Leichtigkeit: Die wuchsfreudige, kletternde Kap-Bleiwurz trägt hellgrüne Blätter und bildet im Sommer lockere Gruppen von hellblauen Blüten. Der ideale Platz ist ein Wintergarten, in dem die langen Triebe etwas Ellenbogenfreiheit haben. Man kann sie aber auch an ein Spalier binden oder um einen Reifen schlingen. Die Bleiwurz blüht an den diesjährigen Trieben, darum wird sie im Frühling zurückgeschnitten, um den Neuaustrieb anzuregen.

LICHT
Die Pflanze braucht viel Licht und verträgt auch direkte Sonne, solange die Wurzeln feucht sind.

TEMPERATUR
Im Winter sind etwa 10 °C optimal. Bei höheren Wintertemperaturen muss sie möglichst hell stehen.

WASSER
Im Sommer muss das Substrat stets feucht, aber nicht nass sein. Während der winterlichen Ruhephase wird sie trockener gehalten.

ÜBERLEBENSSTRATEGIE
Die unkomplizierte Pflanze gedeiht gut, solange sie regelmäßig mit Universal-Flüssigdünger versorgt wird und viel Licht bekommt. Lange Triebe im Frühling zurückschneiden. Stutzt man sie im Sommer, bilden sich weniger Blüten. Gelegentlich treten Weiße Fliegen auf (*Seite 187*).

GRÖSSE
55 cm

STANDORT
Wintergarten, Südfenster

Pteris cretica 'Alexandrae'

Kretischer Saumfarn

Der Saumfarn ist eine interessante, elegante Pflanze. Seine Wedel stehen normalerweise auf dünnen, aufrechten Stielen, sodass die Pflanze sehr zart und duftig aussieht. Die anspruchslosen Pflanzen sind sehr verlässlich. Die Sorte 'Alexandrae' wirkt durch die aufgefächerten Blätter wie ein kleines grünes Feuerwerk. Am besten kommt die reizvolle Silhouette vor einem hellen Hintergrund zur Geltung.

Die gekräuselten Blattränder wirken reizvoll.

LICHT
Ganzjährig helles, gefiltertes Licht, aber keine direkte Sonne.

TEMPERATUR
Verträgt im Winter Temperaturen um 2–3 °C und braucht im Sommer hohe Luftfeuchtigkeit.

WASSER
Während der Wachstumsphase feucht halten. Bei niedrigen Temperaturen die Wassermenge reduzieren, den Ballen aber nicht ganz austrocknen lassen.

ÜBERLEBENSSTRATEGIE
Alle 14 Tage mit Universal-Flüssigdünger versorgen. Bei höheren Temperaturen die Pflanze auf einen Untersetzer mit feuchten Kieseln stellen, um die Luftfeuchtigkeit zu erhöhen. Regelmäßig einsprühen (*Seite 178*).

GRÖSSE
60 cm

STANDORT
Badezimmer

Punica granatum var. *nana*

Zwerg-Granatapfel

Diese kleinwüchsige Form des Granatapfels trägt manchmal im Herbst kleine Früchte, die aber nicht genießbar sind. Der Reiz der Pflanze beruht vor allem auf den leuchtend orangefarbenen Blüten, die über einen langen Zeitraum vom Frühsommer bis in den Herbst erscheinen. Die sommergrüne Pflanze wird, nachdem sie ihr Laub abgeworfen hat, am besten kühl (um 10 °C) überwintert. Eine schöne Pflanze für den Wintergarten.

LICHT
Der Granatapfel stammt aus dem Mittelmeergebiet und braucht im Sommer so viel Licht wie möglich.

TEMPERATUR
Gedeiht im Sommer bei Zimmertemperatur (18–24 °C) und sollte bei etwa 10 °C überwintert werden.

WASSER
Im Sommer das Substrat feucht halten. Im Winter nur so viel gießen, dass die Wurzeln nicht austrocknen.

ÜBERLEBENSSTRATEGIE
Im Sommer regelmäßig düngen. Weil die Pflanze im Winter kein Laub trägt, braucht sie kein Licht und kann bis zum Neuaustrieb im Frühling auch in einer dunklen Abstellkammer stehen.

GRÖSSE
40 cm

STANDORT
Südfenster

Rhapis excelsa

Hohe Steckenpalme

Eine buschige, elegante Palme aus den subtropischen Regionen Chinas und Japans. In ihrem natürlichen Lebensraum wächst sie auf dem schattigen Waldboden und kommt auch im Haus mit wenig Licht aus. Die fächerförmigen Blätter bestehen aus 5–8 abgeflachten Segmenten. Neue Triebe erscheinen aus der Wurzel und füllen bald den ganzen Topf mit einem eindrucksvollen Dickicht. Zwei panaschierte Formen sind ebenfalls erhältlich: 'Variegata' mit weiß gestreiften Blättern und die etwa 60 cm große 'Zuikonishiki' mit gelber Blattzeichnung.

LICHT
Gefiltertes Licht, etwa an einem Platz in etwas Abstand zum Fenster, an den kein direktes Sonnenlicht gelangt.

TEMPERATUR
Gedeiht am besten bei 18–25 °C im Sommer und 8–10 °C im Winter.

WASSER
Während der Wachstumsphase und bei höheren Temperaturen regelmäßig gießen. Bei kühlerer Überwinterung das Gießen reduzieren. Bei Wärme ist hohe Luftfeuchtigkeit nötig.

ÜBERLEBENSSTRATEGIE
Unansehnliche, braune Blätter nicht abschneiden, sondern abzupfen, sodass sich am glatten Stiel eine attraktive Narbe bildet und etwas von der faserigen Deckschicht sichtbar bleibt. Im Sommer alle 14 Tage mit einem Universal-Flüssigdünger versorgen.

GRÖSSE
1,2 m

STANDORT
Diele

Rhododendron simsii

Indica-Azalee

Wenn es um Flower-Power geht, sind Azaleen kaum zu überbieten. Bei besonders schönen Exemplaren ist das Laub fast völlig von Blüten verdeckt, vor allem, wenn sie in einem kühlen Raum stehen. Nach der Blüte können die immergrünen Zwergsträucher an einen schattigen Platz im Garten gestellt werden, sofern keine Frostgefahr mehr besteht. Vor den ersten Herbstfrösten werden sie wieder ins Haus geholt.

LICHT
Hell, aber nicht in die pralle Sonne stellen.

TEMPERATUR
An einem kühlen Platz halten die Blüten länger. Während der Blütezeit sind 10–16 °C ideal.

WASSER
Azaleen vertragen keinen Kalk und müssen darum mit weichem Wasser gegossen werden. Das Substrat darf nicht austrocknen. Weil das Gießen von oben wegen des üppigen Wuchses oft schwierig ist, sollte man den Topf regelmäßig tauchen.

ÜBERLEBENSSTRATEGIE
Azaleen werden umgetopft, ehe sie den Sommer im Freien verbringen. Verwenden Sie nur kalkfreies Substrat und denken Sie daran, sie auch im Garten regelmäßig zu gießen und mit einem flüssigen Spezialdünger für kalkempfindliche Pflanzen zu versorgen.

GRÖSSE
35 cm

STANDORT
Ostfenster

Show time | Wintergärten

Ananas comosus var. *variegatus*, ***S.27***

Ein heller Wintergarten kann ein Paradies für Zimmerpflanzen sein. Und wenn die übrigen Bedingungen stimmen, lässt er sich rund ums Jahr in einen exotischen Garten verwandeln. Im Sommer können Wintergärten extrem heiß werden, wenn keine gute Belüftung vorhanden ist. Solche extreme Hitze nehmen die meisten Pflanzen übel, sie werden trocken, braun und runzlig.

Passiflora caerulea, ***S.126***

Dracaena marginata, ***S.76–77***

Brugmansia candida, ***S.38;*** *Olea europaea*, ***S.123;*** x *Citrofortunella microcarpa*, ***S.55***

Saintpaulia-Sorten

Usambaraveilchen

Bitten Sie jemanden, Ihnen drei Zimmerpflanzen zu nennen, wird höchstwahrscheinlich das Usambaraveilchen dabei sein. Generationen von Züchtern haben immer neue Sorten mit gefüllten, gewellten, gekräuselten und zweifarbigen Blüten in verschiedensten Rosa-, Blau- und Violetttönen und Weiß hervorgebracht. Gelegentlich sieht man auch Sorten mit panaschierten Blättern.

'Dorothy'

'Fancy pants'

'Porcelain'

'Mina'

LICHT

Für eine reiche Blütenbildung ist helles Licht nötig. Pralle Sonne jedoch vermeiden.

TEMPERATUR

Am besten ist eine gleichmäßige Temperatur zwischen 17 und 23 °C. Keine Temperaturschwankungen.

WASSER

Von unten gießen und abtropfen lassen. Weil die Wurzeln in nasser Erde leicht faulen, sollte das Substrat zwischen den Wassergaben leicht antrocknen. Je kühler die Pflanzen stehen, desto trockener werden sie gehalten.

ÜBERLEBENSSTRATEGIE

Die Fäulnisgefahr ist recht groß, darum sollten die Blätter trocken gehalten und verwelkte Blüten immer entfernt werden. Beschädigte Blätter werden ausgezupft. Dabei dürfen keine Stielreste stehen bleiben, die ebenfalls leicht faulen.

GRÖSSE

20 cm

STANDORT

heller Tisch

Sansevieria trifasciata 'Laurentii'

Bogenhanf

Diese Pflanze stammt aus Zentralafrika und ist eng mit den Agaven verwandt. Die pflegeleichte Sukkulente gilt als langweilig und uninteressant, auch der volkstümliche Name »Schwiegermutterzunge« ist nicht gerade schmeichelhaft. Dabei sind es eigentlich attraktive Pflanzen, die sogar blühen, wenn der Sommer lang, warm und sonnig genug ist. Die lockeren Blütenstände mit den grünlich weißen Blüten erscheinen zwar nur sporadisch, duften am Abend aber wunderbar. Es gibt mehrere Kulturformen mit verschiedenen Blattfarben und -mustern, die sich durchaus für eine pflegeleichte Sammlung anbieten.

NACHWUCHS Zur Vermehrung einfach die Wurzel mit einem scharfen Messer durchschneiden und die Teilstücke in einen Topf mit Abzugslöchern in ein durchlässiges Substrat pflanzen.

LICHT
Braucht viel Licht und verträgt, wenn sie ausreichend gegossen wird, auch volle Sonne. Im Winter hell stellen.

TEMPERATUR
Gedeiht gut bei Zimmertemperatur (18–24 °C) und sollte im Winter nicht unter 11–12 °C stehen.

WASSER
Während des Wachstums das Substrat feucht, aber nicht nass halten. Während der Ruhezeit recht trocken halten: das Substrat gut antrocknen lassen und erst dann wenig Wasser geben. Bei niedriger Temperatur und zu reichlichem Gießen können die Blätter an ihrer Basis faulen.

ÜBERLEBENSSTRATEGIE
Die Pflanze ist nahezu unverwüstlich, es sei denn, man ertränkt sie. Im Schatten wächst sie langsam, bei gutem Licht nur wenig schneller. Die Blätter mit einem feuchten Tuch abwischen. Umgetopft wird erst, wenn die Wurzeln den Topf ausfüllen. Vermehrung durch Teilung.

GRÖSSE
80 cm

STANDORT
minimalistische Wohnungen

Schefflera arboricola

Kleine Strahlenaralie

Die kleine Strahlenaralie unterscheidet sich nur in der Größe von ihrer höheren Verwandten *S. actinophylla*. Die Pflegebedürfnisse beider Arten sind gleich. Die ledrigen Blätter, die wie Schirme angeordnet sind, vertragen niedrige Luftfeuchtigkeit und auch gelegentliches Austrocknen. Die panaschierten Sorten sehen etwas freundlicher aus als die Formen mit einfarbigem, dunkelgrünem Laub. Von Natur aus wachsen die Pflanzen aufrecht, darum werden die Triebspitzen ausgeknipst, um sie buschig zu halten. Die verlässlichen Pflanzen nehmen auch stiefmütterliche Behandlung nicht gleich übel.

SCHÖNHEITSPFLEGE Die Pflanzen bleiben gesund, wenn man die Blätter ab und zu mit einem feuchten Tuch abwischt und dabei von unten stützt. Staub verhindert die Lichtaufnahme.

LICHT
Braucht helles Licht, verträgt aber keine direkte Sommersonne.

TEMPERATUR
Normale Zimmertemperatur (18–24 °C) ist ausreichend. Bei Hitze muss die Luftfeuchtigkeit erhöht werden.

WASSER
Während der Wachstumszeit feucht halten. Im Winter weniger gießen, aber das Substrat nicht ganz austrocknen lassen.

ÜBERLEBENSSTRATEGIE
Während der Wachstumsperiode alle 14 Tage mit einem Universal-Flüssigdünger versorgen. Hohe, staksige Pflanzen können im Frühling auf die Hälfte gestutzt werden, um die Bildung von Seitentrieben anzuregen.

GRÖSSE
45 cm

STANDORT
Wohnzimmer

Schlumbergera-Hybriden

Gliederkaktus

Der beliebte Kaktus mit seinem ausladenden Wuchs und den zahlreichen hängenden Blüten ist eine Kreuzung zwischen *S. truncata* und *S. russeliana*. Durch weitere züchterische Eingriffe sind verschiedene Blütenfarben entstanden, darunter Weiß, Orange und Gelb. Damit der Kaktus reich blüht, braucht er im Herbst lange, dunkle Nächte (ohne Kunstlicht). Auch wenn er im Volksmund Weihnachtskaktus genannt wird, blüht er doch nicht immer pünktlich zu Weihnachten, sondern oft erst am Ende des Winters.

LICHT

Im Winter sehr hell stellen, im Sommer pralle Sonne vermeiden.

TEMPERATUR

Ideal ist ganzjährig Zimmertemperatur (18–24 °C). Die Blüten halten in einem kühlen Raum jedoch länger.

WASSER

Mit weichem Wasser gießen, damit das Substrat leicht sauer bleibt. Nach der Blüte einige Wochen trocken halten, dann wieder großzügiger gießen, sodass das Substrat feucht, aber nicht nass ist. Im Sommer alle 3–4 Wochen mit einem kaliumreichen Dünger versorgen.

ÜBERLEBENSSTRATEGIE

Bei Zugluft, zu viel Wasser oder Kälte können die Knospen abfallen. Zuchtformen sollten nicht unter 15 °C gehalten werden, damit sich die Blütenfarbe nicht verändert. In milden Gegenden können die Pflanzen über Sommer an einem schattigen Platz im Garten stehen.

GRÖSSE

45 cm

STANDORT

Hängeampel

Sedum morganianum

Schlangen-Fetthenne

Die Triebe dieser Sukkulente haben etwas ungemein Entspanntes. Wie graugrüne Dreadlocks hängen sie lässig über den Topfrand. Sie können 60–70 cm lang werden. In einer Ampel kommt die lustige Pflanze am besten zur Geltung. Die Bildung des attraktiven, matt grauen Belags wird durch direktes Sonnenlicht angeregt. Vorsicht beim Berühren: Die fleischigen Blattsegmente brechen sehr leicht ab.

LICHT

Braucht volle Sonne, um kompakt zu wachsen. Auch im Winter möglichst hell stellen.

TEMPERATUR

Normale Zimmertemperatur (18–24 °C), im Winter kann es kühler sein, jedoch nicht unter 10 °C.

WASSER

Im Sommer regelmäßig gießen, aber das Substrat zwischendurch antrocknen lassen. Nie im Wasser stehen lassen. Im Winter das Substrat fast austrocknen lassen, erst dann sparsam gießen.

ÜBERLEBENSSTRATEGIE

Die unkomplizierte Pflanze sollte im Sommer monatlich mit einem Universal-Flüssigdünger versorgt werden. Wer Nachwuchs ziehen möchte, setzt einfach einige der fleischigen Blätter mit der Basis nach unten auf leicht feuchtes Substrat, wo sie schnell Wurzeln bilden.

GRÖSSE

30 cm

STANDORT

Blumensäule

Selaginella martensii 'Watsoniana'

Moosfarn

Diese Pflanze ist ein widersprüchlicher Kandidat: Sie sieht aus wie ein Farn, ist aber keiner. Dennoch vermehrt sie sich durch Sporen – genau wie ein Farn. Abgesehen von diesen eher wissenschaftlichen Aspekten ist die hübsche Pflanze unkompliziert. Die überhängenden Wedel bewurzeln bei Bodenkontakt und eignen sich darum gut zum Ausfüllen von Lücken oder als »Bodendecker« in größeren Kübeln. Der Moosfarn gibt auch einzeln stehend einen schönen Blickfang in einer schattigen Ecke ab.

Die fiedrigen Blattränder sehen fast pelzig aus.

LICHT
Der Moosfarn braucht einen halbschattigen Platz ohne direkte Sonneneinstrahlung.

TEMPERATUR
Normale Zimmertemperatur (18–24 °C) ist ausreichend. Der Moosfarn braucht hohe Luftfeuchtigkeit.

WASSER
Das Substrat feucht, aber nicht nass halten. Nur mit weichem Wasser gießen. Im warmen Zimmer wächst die Pflanze ganzjährig und muss regelmäßig bewässert werden. Bei kühler Überwinterung braucht sie weniger Wasser, darf aber nicht ganz trocken gehalten werden.

ÜBERLEBENSSTRATEGIE
Trockene Luft verträgt der Moosfarn schlecht, darum sollte er in warmen Räumen regelmäßig eingesprüht werden. Bewurzelte Wedel können jederzeit von der Mutterpflanze abgetrennt und separat eingepflanzt werden.

GRÖSSE
30 cm

STANDORT
Badezimmer, Küche

Senecio macroglossus 'Variegatus'

Kap-Greiskraut

Auf den ersten Blick könnte man die Pflanze für eine Efeu-Art halten. Tatsächlich ist die Ähnlichkeit verblüffend, doch bei genauem Hinsehen erkennt man, dass die Blätter fleischiger sind und sich – anders als beim Efeu – um ihre Kletterhilfe winden. Die kräftig panaschierten Blätter heben sich von den dunklen Stielen gut ab. An einer Kletterhilfe erreicht die Pflanze 70 cm Höhe und mehr, ebenso lang kann sie von einem Regal oder aus einer Ampel hängen. Die verwandte Art *S. rowleyanus* hat keinerlei aufstrebende Tendenzen: Die grünen »Perlenschnüre« hängen senkrecht aus dem Topf herab.

S. rowleyanus

LICHT
Beide *Senecio*-Arten brauchen gutes Licht und gelegentlich Sonne, aber keine pralle Mittagssonne.

TEMPERATUR
Gut sind 14-22 °C, im Winter nicht unter 10 °C.

WASSER
Während der Wachstumsphase vom Frühling bis zum Spätsommer regelmäßig gießen, aber das Substrat zwischendurch leicht antrocknen lassen. In den kühleren Monaten weniger gießen. Staunässe unbedingt vermeiden.

ÜBERLEBENSSTRATEGIE
Um *S. macroglossus* im Zaum zu halten, die Triebspitzen ausknipsen oder sie um einen Reif schlingen. *S. rowleyanus* lässt man einfach hängen und schneidet zu lange Triebe ab. Die Triebe beider Arten wurzeln bei Berührung mit der Substratoberfläche leicht.

GRÖSSE
50 cm

STANDORT
Tisch, Hängeampel

Solanum pseudocapsicum

Korallenstrauch

Die hübsche Pflanze sieht besonders fröhlich aus, wenn die Früchte ihre Farbe verändern. Dann schmückt sich der Korallenstrauch mit Kugeln in Grün, Gelb und Orange. Die robusten Pflanzen sorgen viele Jahre lang für lebendige Winterfarbe. Die Früchte sehen verlockend aus, sind aber giftig, darum müssen die Pflanzen außer Reichweite von Kindern stehen. Ungeschnitten können ausgewachsene Pflanzen bis 1 m hoch werden. Zwergwüchsige Sorten erreichen etwa 30 cm Höhe.

LICHT
Der Korallenstrauch sollte im Sommer im Garten stehen – jedoch nicht in der prallen Sonne.

TEMPERATUR
Gedeiht gut bei normaler Zimmertemperatur (18–24 °C). Im Winter sollte es nicht kälter als 10 °C sein.

WASSER
Regelmäßig gießen und mit Universal-Flüssigdünger versorgen. Nur wenn im Spätwinter die Beeren abfallen, einige Wochen lang die Wassermenge reduzieren und nicht düngen, damit die Pflanze eine Ruhepause einlegen kann.

ÜBERLEBENSSTRATEGIE
Während der Blüte sorgt regelmäßiges Einsprühen für einen reichen Fruchtansatz. Nach der Ruhepause am Ende des Winters die Pflanzen um ein Drittel stutzen, in frisches Substrat pflanzen und ins Freie stellen, wenn keine Frostgefahr mehr besteht. Die Triebspitzen ausknipsen.

GRÖSSE
35 cm

STANDORT
Tisch im hellen Licht

Soleirolia soleirolii 'Aurea'

Bubiköpfchen

Einen besonderen Charme haben diese kleinen, pflegeleichten Pflanzen. Die feinen Triebe mit den winzigen Blättern bilden rundliche Polster oder dichte Matten und eignen sich auch als »Bodendecker« in großen Kübeln oder Wintergartenbeeten. Um das Wachstum einzudämmen, kann man die Triebe einfach mit der Schere stutzen oder von Hand auszupfen. Die beiden Farbvarianten 'Aurea' (gelb) und 'Variegata' (grün mit weißem Rand) neigen dazu, in die Grundform zurückzuschlagen. Einfarbig grüne Triebe sollten daher sofort ausgezupft werden, auch wenn es mühsam ist.

S. soleirolii 'Variegata'

S. soleirolii

LICHT
Bei hellem Licht bleiben die Pflanzen kompakt. Bei praller Sonne können die Blättchen aber leicht verbrennen.

TEMPERATUR
Verträgt Frost bis -5 °C und entwickelt bei Wärme staksige Triebe. Ideal ist ein kühler Platz mit 10–18 °C.

WASSER
Das Substrat muss immer feucht sein. Bei Wassermangel trocknen die zarten Triebe schnell aus. Bei Wärme ist hohe Luftfeuchtigkeit erforderlich.

ÜBERLEBENSSTRATEGIE
Mehr als ausreichend Wasser verlangt das Bubiköpfchen nicht. Wer Nachwuchs ziehen möchte, sticht einfach ein kleines Stück mit einem Löffel ab und pflanzt es in einen Topf mit frischem Substrat. Kühl stellen und feucht halten, dann bilden sich bald neue Triebe.

GRÖSSE
20 cm

STANDORT
Nordfenster

Solenostemon 'Wizard'-Serie

Buntnessel

Buntnesseln werden oft noch unter ihrem alten botanischen Namen *Coleus* verkauft. Es sind auffällige Blattgewächse, die mit den Moden kommen und gehen. Das Farbspektrum reicht von Rot über Orange, Gelb, sämtlichen Grüntönen, Rosa und Kupferbraun bis zu tiefem Schwarz. Die Farben-, Formen- und Mustervielfalt der Blätter ist fast grenzenlos. Es gibt über hundert Sorten, im Handel findet man aber meist Mischungen ohne genaue Bezeichnung. Wählen Sie nach Geschmack. Es dürfen auch mehr sein, denn teuer sind sie nicht.

S. 'Inky Fingers'

LICHT

Obwohl einige Sorten empfindlich aussehen, vertragen Buntnesseln sogar volle Sonne.

TEMPERATUR

Zimmertemperatur (18–24 °C), im Winter nicht unter 11–12 °C.

WASSER

Wegen des üppigen Blattwerks brauchen Buntnesseln bei Wärme viel Wasser. Das Substrat regelmäßig prüfen und stets feucht halten. Bei niedrigerer Temperatur weniger gießen. Staunässe macht den Pflanzen schnell den Garaus.

ÜBERLEBENSSTRATEGIE

Alle 14 Tage ist die Versorgung mit Universal-Flüssigdünger fällig. Die Blüten sind unscheinbar und sollten ausgeknipst werden. Regelmäßiges Stutzen der Triebspitzen fördert den buschigen Wuchs. Im Sommer bewurzeln Triebspitzenstecklinge leicht in einem Gefäß mit Wasser.

GRÖSSE

35 cm

STANDORT

Ost- oder Westfenster

Sollya heterophylla

Sollya

Die immergrüne Pflanze trägt den ganzen Sommer lang kleine, aber hübsche blaue Blüten. Eigentlich ist sie eher eine Kriech- als eine Kletterpflanze, darum muss man sie an eine Kletterhilfe binden, um sie in die Höhe zu locken. Im Wintergarten kann man sie auch einsetzen, um die kahlen Stiele von Bougainvilleen und anderen höheren Pflanzen zu verdecken. Aus den Blüten entwickeln sich zylindrische, fleischige Samenstände, die essbar sind, aber nicht sonderlich gut schmecken.

Die Glockenblüten halten oft bis in den Herbst.

LICHT
Am besten ist ein Platz mit vollem Sonnenlicht.

TEMPERATUR
Die robuste Pflanze verträgt Wintertemperaturen um 2–3 °C. Im Sommer genügt ihr normale Zimmertemperatur.

WASSER
Im Sommer feucht halten und im Winter bei niedrigen Temperaturen das Gießen einschränken.

ÜBERLEBENSSTRATEGIE
Alle 14 Tage mit einem Universal-Flüssigdünger versorgen. Größere Pflanzen können im Frühling kräftig zurückgeschnitten und umgetopft werden, damit sie sich verjüngen und nicht zu groß werden.

GRÖSSE
80 cm

STANDORT
Hängeampel, Wintergarten

Sparrmannia africana

Zimmerlinde

Die Zimmerlinde hat zwei große Vorzüge. Der eine sind ihre großen, weich behaarten, hellgrünen Blätter. Der andere ist ihre frühe Blütezeit. Die weißen Blüten enthalten Büschel aus roten oder weißen Staubgefäßen, die sich schnell zusammenlegen, wenn sie von einem Insekt (oder einer Bleistiftspitze) berührt werden. Zimmerlinden können sehr groß werden, lassen sich aber durch regelmäßigen Rückschnitt gut im Zaum halten.

LICHT
Braucht einen hellen Platz, aber keine direkte Mittagssonne.

TEMPERATUR
Verträgt im Winter Temperaturen bis 7 °C und hat es auch im Sommer nicht gern allzu warm.

WASSER
Große Pflanzen verdunsten viel Wasser und müssen bei warmem Wetter täglich gegossen werden. Während der winterlichen Ruheperiode das Gießen einschränken.

ÜBERLEBENSSTRATEGIE
Wegen ihrer Wuchsfreude und der großen Blätter braucht die Zimmerlinde regelmäßig Dünger und Wasser, um gesund zu bleiben. Einen Rückschnitt verträgt sie sehr gut. Selbst große Pflanzen kann man im Frühling auf 30–40 cm stutzen, ohne dass sie Schaden nehmen.

GRÖSSE
70 cm

STANDORT
kühler Wintergarten

Show time | Kälteverträgliche

Agave attenuata, **S.23**

Zweifellos sind Pflanzen im Flur oder Windfang eine freundliche Begrüßung. Nur leider holen sich viele in der Zugluft den Tod. Wählen Sie lieber Pflanzen, die solche Bedingungen vertragen, etwa Sukkulenten aus Wüsten mit kalten Nächten oder winterharte Pflanzen, die gelegentliche Minusgrade verkraften. Dann ist der grüne Willkommensgruß gesichert.

Sparrmannia africana, ***S.157***

Tolmiea menziesii 'Taff's Gold', ***S.166***

Cordyline australis, ***S.58***

Spathiphyllum wallisii

Blattfahne, Einblatt

Bekannt wurde diese Pflanze als Blattgewächs, das auch im tiefen Schatten gedeiht. In letzter Zeit bringen Züchter jedoch Sorten hervor, die mehr Blüten tragen. Es gibt Blattfahnen-Sorten in erstaunlich vielen verschiedenen Größen. Manche werden über 1 m hoch, andere erreichen kaum 30 cm. Die natürliche Blütezeit liegt im Frühling, doch unter guten Bedingungen blühen manche Exemplare ganzjährig.

Am Blütenkolben stehen viele winzige Blüten.

LICHT
Bevorzugt im Sommer einen halbschattigen Platz, sollte im Winter aber heller stehen.

TEMPERATUR
Im Winter nicht unter 16 °C, im Sommer nicht in einen stickigen, heißen Wintergarten stellen.

WASSER
Während der Wachstumsphase von Frühling bis Herbst muss das Substrat immer feucht sein. Im Winter weniger gießen und die Substratoberfläche zwischendurch leicht antrocknen lassen.

ÜBERLEBENSSTRATEGIE
Je höher die Luftfeuchtigkeit, desto wohler fühlen sich Blattfahnen. Sie blühen nicht fortwährend, sollten aber im Winter reichlich Licht bekommen, damit sie im Frühling Blüten bilden. Einige Sorten werden als Grünpflanzen kultiviert und blühen im Haus nur selten.

GRÖSSE
50 cm

STANDORT
Küche, Schlafzimmer

Stephanotis floribunda

Kranzschlinge

Die immergrüne Kletterpflanze mit den dicken, ledrigen Blättern trägt im Frühling und Sommer weiße, stark duftende Blüten. Bei guter Pflege kann sie an einem Spalier, beispielsweise an einer Wintergartenwand, bis 2 m hoch werden. Wer sie kleiner halten möchte, schlingt die Triebe um einen Reifen oder eine andere Stütze, die in den Topf gesteckt wird.

Die sternförmigen Blüten duften intensiv.

LICHT
Braucht helles Licht, aber keine direkte Sonne.

TEMPERATUR
Ideal ist eine gleichmäßige Temperatur um 20 °C. Je wärmer es ist, desto höher sollte die Luftfeuchtigkeit sein.

WASSER
Während des Wachstums sollte das Substrat stets feucht gehalten werden. In den Winter-monaten die Wassermenge redu-zieren und das Substrat zwischendurch leicht antrocknen, aber nicht ganz austrocknen lassen.

ÜBERLEBENSSTRATEGIE
Falls nötig, können lange Triebe nach der Blüte zurückgeschnitten werden. Die Kranzschlinge schätzt gleichmäßige Bedingungen und reagiert empfindlich auf Temperaturschwankungen und niedrige Luftfeuchtigkeit. Regelmäßiges Einsprühen ist empfehlenswert.

GRÖSSE
65 cm

STANDORT
Wohnzimmer, gut belüfteter Wintergarten

Streptocarpus-Hybriden

Drehfrucht

Im Handel findet man meist großblumige *Streptocarpus*-Arten. Gelegentlich sieht man auch *S. saxorum*, die an den überhängenden Trieben kleine, fast runde Blätter und hübsche Blüten trägt. *S. wendlandii* hat ein riesiges Blatt von bis zu 70 cm Länge, allerdings stirbt die Pflanze nach der Blüte ab. Mit ihren Blüten in Weiß, Rosa, Blau und kräftigem Rubinrot gehört die Drehfrucht zu den bezauberndsten Zimmerpflanzen.

LICHT
Braucht einen hellen Standort ohne direktes Sonnenlicht.

TEMPERATUR
Bei normaler Zimmertemperatur blühen die Pflanzen ganzjährig. Unter 13 °C stellen sie die Blüte ein.

WASSER
In den wärmeren Monaten großzügig gießen, aber zwischendurch die Substratoberfläche antrocknen lassen. Bei niedrigen Temperaturen weniger gießen.

ÜBERLEBENSSTRATEGIE
Bei trockener Luft werden die Blattränder oft braun. Abhilfe schafft ein Untersatz mit nassen Kieseln, auf den der Topf gestellt wird (*Seite 178*). Alle 3–4 Wochen sollte dem Gießwasser ein kaliumreicher Dünger zugesetzt werden. Verwelkte Blüten auszupfen.

GRÖSSE
25 cm

STANDORT
Tischschmuck

Stromanthe sanguinea 'Tricolor'

Blumenmaranthe

Es hat schon etwas Selbstbewusstes, wie die Blumenmaranthe ihre Blätter fast waagerecht von den Stielen abgespreizt trägt. Die roten Blattunterseiten kontrastieren aufregend mit den hell marmorierten Oberseiten. Solche Blätter muss man sauber halten. Mit der Zeit bildet sich ein Dickicht aus Trieben, das man im Frühling aber teilen und separat einpflanzen kann.

Die Blattunterseiten sind rot gestreift.

LICHT
Ideal ist helles, gefiltertes Licht, pralle Sonne verträgt die Pflanze nicht gut.

TEMPERATUR
Zimmertemperatur reicht aus. Bei Wärme und niedriger Luftfeuchtigkeit werden die Blätter braun.

WASSER
Während der Wachstumsperiode das Substrat feucht halten. Im Winter soll die Substratoberfläche zwischen den Wassergaben leicht antrocknen.

ÜBERLEBENSSTRATEGIE
Während des Wachstums alle 2 Wochen mit einem Universal-Flüssigdünger in doppelter Verdünnung versorgen. An einem kühlen, halbschattigen Platz kommt die Pflanze mit niedriger Luftfeuchtigkeit zurecht. Mehr Wärme fördert das Wachstum.

GRÖSSE
50 cm

STANDORT
Diele

Syngonium podophyllum

Purpurtute

Die hohe Urform der Purpurtute mit einfarbig grünen Blättern sieht man selten, stattdessen werden verschiedene niedrigere Formen mit unterschiedlichen Blattmustern angeboten. Die Tupfen auf den Blättern erinnern ein wenig an Schäden, die durch Spinnmilben verursacht werden. Die Blätter ausgewachsener Pflanzen sind geteilt oder tief gelappt und sehen besonders interessant aus. Die Purpurtute kann hängen, klettern oder kriechen. Alle Arten brauchen hohe Luftfeuchtigkeit.

LICHT
Helles, gefiltertes Licht, direkte Sonnenbestrahlung vermeiden.

TEMPERATUR
Normale Zimmertemperatur (18–24 °C). Bei höherer Temperatur ist hohe Luftfeuchtigkeit wichtig.

WASSER
Das Substrat sollte ganzjährig feucht gehalten werden, aber zwischen den Wassergaben leicht antrocknen.

ÜBERLEBENSSTRATEGIE
Die Pflanze kann an einem Moosstab gezogen werden, aber auch aus einer Ampel oder von einem Regal hängen. Während des Wachstums regelmäßig düngen. Wer häufiger mit Spinnmilben zu kämpfen hat, sollte diese Pflanze unbedingt genau beobachten.

GRÖSSE
35 cm

STANDORT
Hängeampel, helles Regal

Tillandsia cyanea

Blaue Tillandsie

Eine seltsame, aber auffällige Pflanze. Der Blütenstand ist fächerförmig abgeflacht, die Einzelblüten schieben sich zwischen den wie Schuppen angeordneten Hochblättern hervor. Die einzelnen Blüten sind kurzlebig, aber weil bis zu 20 von ihnen nacheinander erscheinen können, dauert die Blühperiode bis zu 10 Wochen. Nach der Blüte stirbt die Rosette ab und wird durch Ableger ersetzt, die man abtrennen und separat einpflanzen oder an der Mutterpflanze belassen kann, bis sie selbst Blüten bilden.

TRÖPFCHENWEISE Tillandsien haben gerade genug Wurzeln, um sich auf Bäumen zu halten. Weil sie Wasser und Nährstoffe auch über die Blätter aufnehmen, tut ihnen Sprühen gut.

LICHT
Gedeiht an einem hellen, aber nicht sonnigen Platz am besten.

TEMPERATUR
Ideal ist ganzjährig eine Temperatur zwischen 18 und 25 °C. Im Winter nicht kälter als 14 °C stellen.

WASSER
Topf und Substrat müssen guten Wasserabfluss gewährleisten. In den warmen Monaten häufig einsprühen, sodass Wasser von den Blättern ins Substrat tropft, oder fast austrocknen lassen und dann in weiches, zimmerwarmes Wasser tauchen.

ÜBERLEBENSSTRATEGIE
Während des Wachstums bekommt der Pflanze eine monatliche Portion Universal-Flüssigdünger in vierfacher Verdünnung gut. Die Pflanze mit der Lösung einsprühen oder den Topf tauchen. Die Luftfeuchtigkeit sollte so hoch wie möglich sein.

GRÖSSE
25 cm

STANDORT
Badezimmer

Tolmiea menziesii 'Taff's Gold'

Henne mit Küken

Diese robuste, attraktive Pflanze fühlt sich an kühlen, schattigen Plätzen wohl. Ihren volkstümlichen Namen verdankt sie den Jungpflanzen, die sich an den Blattachseln bilden. Löst man sie mitsamt dem Blatt und drückt sie leicht auf die Substratoberfläche, bewurzeln sie schnell. Die Pflanze blüht im Haus nur selten. Die hohen Blütenstiele tragen unscheinbare Blüten, sollten aber entfernt werden, damit die Pflanze ordentlich aussieht.

LICHT
Verträgt helles, gefiltertes Licht und Halbschatten, an einem warmen, dunklen Standort wird sie staksig.

TEMPERATUR
Kühl stellen. Die kältetolerante Pflanze ist an ein Leben im Freien gewöhnt.

WASSER
Während der Wachstumsperiode das Substrat feucht halten.

ÜBERLEBENSSTRATEGIE
Die Pflanzen sind von Natur aus an einen deutlichen Temperaturunterschied zwischen Sommer und Winter gewöhnt. Darum sollten sie auch im Haus im Winter kühl gehalten werden.

GRÖSSE
20 cm

STANDORT
Nord- oder Ostfenster

Tradescantia spathacea syn. *Rhoeo discolor*

Purpurblättrige Dreimaster-blume

Die Purpurblättrige Dreimasterblume ist sehr viel kräftiger als viele andere Vertreter dieser Gattung. Ein Blick auf die Blüten zeigt aber die Verwandtschaft. Die Jungpflanzen sitzen wie aufrechte Rosetten direkt auf dem Substrat. Mit zunehmendem Alter sterben die unteren Blätter ab und es entwickelt sich ein Stamm.

In der Mitte der Rosette erscheinen weiße Blüten.

LICHT
Braucht einen hellen Standort, in praller Sonne verbrennen die Blätter aber.

TEMPERATUR
Normale Zimmertemperatur (18–24 °C) genügt, im Winter sollte es nicht kälter als 16–17 °C sein.

WASSER
Während des Wachstums regelmäßig gießen und das Substrat feucht, aber nicht nass halten. In der kühleren Jahreszeit nur gerade feucht halten. Im Winter kann zu viel Wasser zu Fäulnis an Wurzeln und Stamm führen.

ÜBERLEBENSSTRATEGIE
Bei trockener Luft werden die Blattspitzen oder ganze Blätter braun. Am besten stellt man sie mit anderen Pflanzen zusammen oder setzt den Topf auf einen Untersatz mit feuchten Kieseln (s. *Seite 178*). Je höher die Temperatur, desto höher muss die Luftfeuchtigkeit sein.

GRÖSSE
50 cm

STANDORT
heller Wohnbereich

Tradescantia zebrina var. *zebrina*

Silber-Dreimasterblume

Die hübsche, pflegeleichte Pflanze kann man an einer Kletterhilfe in die Höhe ziehen oder aus dem Topf herabhängen lassen. Die Blätter tragen zwei silbrige Streifen, die im Licht schimmern und einen schönen Kontrast zu den rotvioletten Blattunterseiten bilden. Als Zugabe trägt die Pflanze gelegentlich kleine rosafarbene Blüten.

Silbrig grüne Blätter mit rotvioletter Unterseite.

LICHT

Gutes Licht fördert eine gute Blattfärbung und die Blütenbildung. Kein direktes Sonnenlicht.

TEMPERATUR

Normale Zimmertemperatur (18–24 °C) ist ideal, im Winter sollte es nicht kälter als 12 °C sein.

WASSER

Während der Wachstumsperiode das Substrat feucht halten. Im Winter weniger gießen, aber nicht austrocknen lassen.

ÜBERLEBENSSTRATEGIE

Die langen Triebe können mit der Zeit im unteren Bereich verkahlen. Um die Pflanze buschig zu halten, werden die Triebspitzen ausgeknipst. Man kann die langen Triebe auch wieder in den Topf legen, wo sie schnell bewurzeln und junge Pflanzen mit frischen Blättern bilden.

GRÖSSE

35 cm

STANDORT

Hängeampel

Vriesea splendens var. *splendens*

Flammendes Schwert

Dies ist eine der auffälligsten Zimmerpflanzen. Die breiten, leicht eingerollten Blätter haben dunkelrote Streifen und glatte Unterseiten, die wie lackiertes Holz glänzen. Der scharlachrote Blütenstand aus eng zusammengedrängten, schuppenförmigen Hochblättern steht auf einem kräftigen Stiel. Er ist selbst dann faszinierend, wenn sich die kleinen, gelben Blüten nicht zwischen den Hochblättern zeigen. Der Blütenstand hält viele Wochen und wird, wenn er sich braun färbt, einfach an der Basis abgeschnitten. Die Pflanze ist viel pflegeleichter, als ihr exotisches Aussehen vermuten lässt.

TRINKBECHER In der Mitte der Rosette befindet sich ein erstaunlich wasserdichter »Becher«, der während der Wachstumszeit regelmäßig gefüllt werden sollte.

LICHT
2–3 Sonnenstunden pro Tag, aber keine sengende Hitze, sind wichtig für eine schöne Blattfärbung.

TEMPERATUR
Während des Wachstums 18–28 °C, im Winter nicht kälter als 15 °C. Die Luftfeuchtigkeit sollte hoch sein.

WASSER
Die Vertiefung in der Rosettenmitte regelmäßig füllen und während des Wachstums das Substrat feucht halten. In der kühlen Jahreszeit wächst die Pflanze langsamer. Vor allem in dieser Zeit kann zu reichliches Gießen schädlich sein.

ÜBERLEBENSSTRATEGIE
Während der Wachstumsphase monatlich mit einem Universal-Flüssigdünger in doppelter Verdünnung versorgen. In Orchideensubstrat oder sehr durchlässiges Substrat pflanzen. Rosetten, die Blüten getragen haben, sterben im Lauf der folgenden Monate ab.

GRÖSSE
70 cm

STANDORT
Ost- oder Westfenster

Yucca elephantipes

Riesen-Palmlilie

Die stattliche Pflanze hat eine ausdrucksvolle Form und bereichert, wenn sie einen Platz für sich bekommt, jeden Raum durch ihre Präsenz. Jungpflanzen werden manchmal mit sehr kurzem Stamm angeboten. Größere Exemplare haben gelegentlich mehrere Blattschöpfe. Der Stamm ist rau und kahl.
Die *Yucca* fühlt sich in einem hellen Wintergarten wohl. Sie verträgt heiße Sommer und kühle Winter gut.

Y. elephantipes 'Variegata'

LICHT
Ganzjährig möglichst viel Licht.

TEMPERATUR
Am besten bei Zimmertemperatur (18–24 °C) halten, im Winter nicht unter 8–10 °C.

WASSER
Während der Wachstumsphase im Sommer mäßig feucht halten. Bei niedrigeren Temperaturen im Winter das Gießen einschränken.

ÜBERLEBENSSTRATEGIE
Alte, welke Blätter nicht abschneiden, sondern abreißen, damit die Pflanze ordentlich aussieht. Während des aktiven Wachstums regelmäßig düngen. Im Sommer können Yuccas auch im Freien stehen.

GRÖSSE
1,3 m

STANDORT
Wintergarten

Zamioculcas zamiifolia

Zamiokulkas

Diese Pflanze aus Ostafrika hat eine multiple Persönlichkeit. Sie sieht aus wie eine Mischung aus Farn, Baumfarn und Sukkulente. Mit den aufrechten Trieben, der dunkelgrünen Blattfarbe und der ungewöhnlichen Form ist sie jedoch eine attraktive Zimmerpflanze, deren besonderer Vorzug in ihrer Schattenverträglichkeit liegt. Die Zamiokulkas eignet sich gut als Hintergrund für bunt blühende Arten oder als Gegenpol für *Asparagus densiflorus* oder ähnliche Pflanzen mit ganz anderer Wuchsform. In freier Natur trägt sie grüne und weiße Blüten, die bei Zimmerkultur aber nur selten gebildet werden.

LICHT
Gedeiht auch an einem relativ schattigen Platz, bevorzugt aber helles, diffuses Licht. Keine pralle Sonne.

TEMPERATUR
Die Pflanze sollte auch im Winter feucht und bei mindestens 15–18 °C gehalten werden.

WASSER
Das Substrat ganzjährig feucht halten und im Sommer mit einem Universal-Flüssigdünger versorgen. Mehr Pflege braucht die Zamiokulkas nicht.

ÜBERLEBENSSTRATEGIE
Diese unkomplizierte Pflanze kommt mit wenig Zuwendung aus. Sie verträgt gelegentliche Trockenheit, kann dann aber Blätter verlieren. Legt man abgefallene Blätter auf feuchtes Substrat, bilden sie bald Wurzeln und wachsen innerhalb von zwei Jahren zu kleinen Pflanzen heran.

GRÖSSE
63 cm

STANDORT
Ost- oder Westfenster

Zantedeschia-Hybriden

Kalla

Die Blütezeit der Kalla ist nur kurz, doch das wird durch die außerordentliche Eleganz der Blüten wettgemacht. Es gibt Kallas mit Blüten in verschiedenen Farben, von kräftigem Gelborange über Violett bis Rosa und Weiß. Nach der Blüte im Früh- bis Hochsommer ziehen die Pflanzen das Laub ein und legen eine Ruhephase ein. Im Winter oder zeitigen Frühling treiben sie erneut aus, wenn sie wieder gegossen werden.

Z. elliottiana

LICHT

Während die Pflanzen Laub tragen, brauchen sie helles Licht und 1–2 Stunden direkte Sonne pro Tag.

TEMPERATUR

Gedeiht am besten bei Zimmertemperatur (18–24 °C), die Blüten halten aber bei etwa 16 °C länger.

WASSER

Während des Wachstums gut feucht halten, aber nach der Blüte ganz austrocknen lassen. Während die Pflanzen aktiv wachsen und Laub tragen, sollten sie alle 14 Tage mit einem Universal-Flüssigdünger versorgt werden.

ÜBERLEBENSSTRATEGIE

Nach der Blüte das Substrat allmählich austrocknen lassen und die verwelkten Blätter abzupfen. Während der Ruhezeit trocken halten. Wenn sich im Winter oder Spätfrühling neue Triebe an der Substratoberfläche zeigen, wird die Pflanze umgetopft und stärker gegossen.

GRÖSSE

50 cm

STANDORT

Wintergarten

Pflanzenpflege

Pflanzenpflege | Grundsätzliches

Licht, Wasser, Nährstoffe und Wärme – mehr verlangen die meisten Pflanzen nicht. Licht ist wichtig als einzige Energiequelle der Pflanzen. Dürre, staksige Gewächse leiden an Lichtmangel. Wasser ist notwendig, darf aber die Wurzeln nicht ertränken. Die meisten Pflanzen überstehen Trockenheit besser als zu viel Nässe. Die Nährstoffe im Substrat sind schnell verbraucht und müssen durch Dünger ersetzt werden. Auch die Temperatur spielt eine Rolle: Wenn Sie sich wohl fühlen, tun Ihre Pflanzen es meist auch.

Sie brauchen: Bambusstäbe, Bindedrähte und Schnur dienen zum Stützen von Kletterpflanzen. Zum Schneiden weicher Teile reicht eine Haushaltsschere, für härteres Material eine Rosenschere. Eine Kanne mit langer Tülle erleichtert das Gießen und ein Sprüher sorgt bei Wärme für ausreichende Luftfeuchtigkeit. Wattestäbchen und Pinsel sind nützlich zum Reinigen der Blätter und zum Beseitigen von Schädlingen an schwer zugänglichen Stellen.

Warm einpacken

Verpacken Sie Pflanzen für den Transport sorgfältig. Schon der Weg zum Parkplatz kann im Winter genügen, dass eine Pflanze die Knospen abwirft.

Gesunde Pflanzen kaufen

Beim Pflanzenkauf sollten Sie sich etwas Zeit nehmen und genau hinsehen, um sicher zu gehen, dass Sie gesunde und kräftige Pflanzen bekommen. Wer keinen ausgeprägt grünen Daumen hat, sollte die kümmerlich aussehenden Exemplare unter dem Schild »Reduziert« lieber stehen lassen, weil sie sich selten wieder vollkommen erholen.

Blühpflanzen sollten möglichst viele kräftig aussehende, aber noch ungeöffnete Knospen tragen, damit Sie lange Freude haben.

Schauen Sie unter die Blätter – hier verstecken sich gern Schädlinge. Achten Sie darauf, dass der Topf sauber ist.

Wenn die Wurzeln den Topf ausfüllen und schon aus den Abzugslöchern kriechen, müssen Sie die Pflanze bald nach dem Kauf umtopfen.

Der richtige Topf

In einem liebevoll gewählten Topf sieht jede Pflanze schöner aus. Geeignet sind fast alle Gefäße, dabei unterscheidet man zwischen zwei Topftypen: den Pflanztöpfen und den Übertöpfen. Wer unsicher ist, sollte schlichte Übertöpfe wählen. Helle Farben und klare Linien sind dezent und stehlen der Pflanze nicht die Schau. Generell passen auffällige Töpfe eher zu blühenden Pflanzen, während Pflanzen mit strenger, architektonischer Form in schlichten Töpfen besser zur Geltung kommen.

Ein Korb passt ideal zu Blühpflanzen.

Ein Übertopf dient dazu, einen unansehnlichen Pflanztopf zu verstecken und überschüssiges Gießwasser aufzufangen. Darum muss er wasserdicht sein und darf keine Abzugslöcher haben.

Töpfe mit Abzugsloch im Boden werden direkt bepflanzt. Meist werden sie mit einem passenden Untersatz verkauft, der überschüssiges Gießwasser auffängt.

Keine Kratzer

Die Böden von Keramiktöpfen und -untersetzern können lackierte Flächen leicht zerkratzen. Wer seine Möbel schützen will, klebt einfach kleine Filz- oder Moosgummistücke auf, die es im Blumengeschäft, Schreibwarenhandel oder Baumarkt zu kaufen gibt.

Eine Pflanze, drei Stile

Proportionen, Form und Farbe spielen bei der Auswahl des Topfes für eine Pflanze eine Rolle. Hier sehen Sie eine *Gynura* in drei verschiedenen Töpfen. Es ist erstaunlich, wie unterschiedlich sie wirkt.

Die Proportionen von Pflanze und Topf sind ausgewogen, die Farben harmonisch aufeinander abgestimmt.

Die Größen von Topf und Pflanze sind wieder ausgewogen. Die helle Farbe und die kantige Form betonen aber das dunkle Laub.

Im weiten, hohen Topf verschwindet die Pflanze fast. Die Triebe liegen auf dem Topfrand, die Proportionen sind unglücklich.

Pflanzenpflege | Richtig umtopfen

Wenn Pflanzen größer werden, wächst auch die Wurzelmasse. Irgendwann ist ein größerer Topf nötig, um den Wasser- und Nährstoffbedarf der Pflanze zu decken. Vielleicht möchten Sie die Pflanze auch nur in ein hübscheres Gefäß umsetzen. Das Umtopfen in ein größeres Gefäß ist einfach, wenn man einige Grundregeln in Bezug auf Substrat und Dränage beachtet. Wählen Sie den Topf nicht zu groß, sonst droht Staunässe.

Zusätzliche Nährstoffe

Handelsübliche »Blumenerde« enthält einige Nährstoffe, die recht bald verbraucht sind. Beim Umtopfen ist es einfach, ein Düngergranulat unter das Substrat zu mischen, um der Pflanze eine Extraportion Nahrung zu geben. Durch Wasser und Temperatur löst sich das Granulat langsam auf und versorgt die Pflanzen über einen langen Zeitraum. Solche Langzeitdünger gibt es in verschiedenen Darreichungsformen.

Das Granulat gleichmäßig mit dem Substrat vermischen.

Düngerstäbchen (oben links) und gepresste Granulatkegel (oben) werden einfach unter die Substratoberfläche gesteckt. Sie geben die Nährstoffe allmählich im Lauf einiger Monate ab. Bei jedem Gießen erhalten die Pflanzen so eine Portion Nährstoffe und auch der Vorrat im Substrat wird aufgefrischt.

Welches Substrat?

Vielen Pflanzen genügt Universalsubstrat aus dem Handel. Gartenerde sollten Sie nicht verwenden. Für Pflanzen mit besonderen Ansprüchen gibt es Spezialsubstrate wie Kakteensubstrat, Moorbeetsubstrat für kalkempfindliche Arten wie Kamelien oder sehr grobes Substrat für Orchideen.

Universalsubstrat

Sandiges, lockeres Kakteensubstrat

Nährstoffarmes Orchideensubstrat

So kommt die Pflanze in den Topf

Das Umtopfen versorgt die Pflanzen mit frischen Nährstoffen und regt den Austrieb an. Der neue Topf sollte im Durchmesser etwa 2–3 cm größer sein als der alte. Im Idealfall wird zu Beginn der Wachstumsperiode umgetopft. Während der Ruhezeit sollte man nicht umtopfen, weil beschädigte Wurzeln bei inaktiven Pflanzen leicht faulen.

1 Auf den Topfboden eine 2–3 cm dicke Schicht Styroporchips oder Tonscherben legen, damit das Abzugsloch nicht verstopft. Es ist wichtig, dass überschüssiges Gießwasser ablaufen kann.

2 So viel Substrat in den Topf geben, dass der Wurzelballen der Pflanze etwa 2–3 cm unter dem Topfrand liegt. So läuft der Topf beim Gießen nicht so leicht über.

3 Rings um den Ballen Substrat einfüllen und vorsichtig andrücken – aber nicht zu fest, sonst wird die Dränage verschlechtert.

4 Zum Schluss eine Mulchschicht auflegen. Sie sieht gut aus und verringert die Verdunstung, macht aber die Kontrolle der Substratfeuchtigkeit etwas schwieriger.

Substratwechsel in großen Kübeln

Manche Kübelpflanzen sind schlicht zu groß und zu schwer, um sie umzutopfen. Ausgewachsene Pflanzen brauchen kein größeres Gefäß mehr, wohl aber frisches Substrat. Darum sollte alljährlich im Frühling die oberste Substratschicht ausgetauscht werden.

1 Tragen Sie 2–3 cm des oberen Substrats ab, den feinen Wurzeln schadet das nicht.

2 Füllen Sie mit frischem Substrat, das mit Düngergranulat vermischt ist, auf.

Pflanzenpflege | Der richtige Standort

Am besten gedeihen Pflanzen, wenn der Standort im Haus ihren natürlichen Bedürfnissen entspricht. Eine Pflanze mag an einem bestimmten Platz besonders schön aussehen, doch wenn Licht und Temperatur ihren Ansprüchen nicht genügen oder wenn die Luftfeuchtigkeit nicht ausreicht, wird sie bald kümmerlich aussehen und ihren dekorativen Wert verlieren.

Temperatur

In keiner Wohnung herrscht eine völlig konstante Temperatur. Durch Fenster und Türen, die regelmäßig geöffnet werden, zieht kalte Luft herein. Ein ungeheiztes Zimmer ist im Winter recht kühl, in einem ungelüfteten Wintergarten kann es im Sommer sehr stickig werden. Wer sich der Bedingungen seiner Wohnung bewusst ist, hat es bei der Wahl der richtigen Pflanzen leichter.

Kakteen sind robust. Sie vertragen heiße Tage und kühle Nächte und kommen mit Temperaturschwankungen gut klar.

Pflanzen hinter normalerweise geschlossenen Vorhängen brauchen im Winter Anschluss an warme Raumluft.

Höhere Luftfeuchtigkeit

Als Luftfeuchtigkeit bezeichnet man den Wassergehalt der Luft. Der Bedarf der meisten Pflanzen ergibt sich aus den Bedingungen ihres natürlichen Lebensraums. Eine Pflanze aus dem tropisch-feuchten Regenwald wird in trockener Luft bald leiden. Pflanzen aus trockenem Klima können andererseits bei zu feuchter Luft faulen. Viele Zimmerpflanzen sind aber recht tolerant.

Wegen des täglichen Duschens ist das Bad oft der feuchteste Raum. Hier fühlen sich Pflanzen wohl, die hohe Luftfeuchtigkeit brauchen.

Auch Pflanzen geben Feuchtigkeit ab, darum ist die Luftfeuchtigkeit im Bereich einer Pflanzengruppe höher.

Blätter mit Wasser besprühen

Zum Erhöhen der Luftfeuchtigkeit dient ein Untersatz mit feuchten Kieseln. Auch Einsprühen schafft Feuchtigkeit, wenn man es mehrmals täglich wiederholt.

Wie viel Licht?

Auf Pflanzenetiketten stehen meist Begriffe wie »direktes Licht«, »helles, gefiltertes Licht« oder »Halbschatten«. Aber was bedeutet das genau? Die Lichtverhältnisse variieren innerhalb eines Raums und auch im Jahreslauf. Alle Pflanzen wachsen zum Licht, weil sie es zum Leben brauchen. Damit sie nicht schief wachsen, kann man sie zwar regelmäßig etwas drehen – doch einige Arten lassen die Knospen fallen, wenn sich der Einfallswinkel des Lichtes ändert. Besser ist es, von Anfang an für richtige Lichtverhältnisse zu sorgen.

Bei schwachem Licht wachsen Pflanzen oft schief. Um das zu verhindern, sollte man sie gelegentlich drehen.

Direktes Licht: Die Pflanze mag fast ganztägige Sonne. Pralle Mittagssonne im Sommer ist jedoch für die meisten Pflanzen zu viel.

Helles, gefiltertes Licht: Wird Sonnenlicht durch eine Tüllgardine gefiltert, ist es noch sehr hell, versengt aber die Blätter nicht.

Halbschatten: Viele Grünpflanzen fühlen sich an einem hellen Platz wohl, den das direkte Sonnenlicht nicht erreicht.

Schatten: Nur wenige Pflanzen gedeihen auch im Schatten ohne direkten Lichteinfall. Meist sind es Arten mit dunkelgrünen Blättern.

Das Licht verstärken

In Räumen, in die keine Sonne scheint, lässt sich das Licht verstärken. Schon weiß gestrichene Wände und helle Möbel reflektieren Licht und hellen so den Raum auf. Öffnen Sie die Vorhänge weit und achten Sie auf gut geputzte Fenster. Befinden sich vor dem Fenster Nebengebäude oder Gartenmauern, könnte man sie weiß streichen, damit auch sie Licht in den Raum reflektieren.

Verstaubte Blätter gelegentlich feucht abwischen oder lauwarm abduschen.

Bei Kakteen muß Staub ab und zu mit einem Pinsel oder Wattestäbchen entfernt werden.

Pflanzenpflege | Dünger und Wasser

Falsches Gießen ist oft für das vorzeitige Ableben von Zimmerpflanzen verantwortlich. Gießt man zu viel, können sie buchstäblich ertrinken. Und bei zu wenig Wasser verdursten sie. Lernen Sie Ihre Pflanzen kennen, um herauszufinden, wann sie eine Portion Wasser brauchen, wie viel sie mögen und wie lange sie damit auskommen.

Gießen von oben

Das ist die bequemste Gießmethode, sie eignet sich für viele Pflanzen, vor allem für verholzende Arten. Weil das Wasser durch die Schwerkraft nach unten sickert, wird das Substrat gleichmäßig durchfeuchtet. Zwischen Substratoberfläche und Topfrand sollten 2–3 cm Platz sein, sonst läuft der Topf leicht über. Die meisten Pflanzen vertragen es nicht, wenn der Topfboden im Wasser steht.

Wann wird gegossen?

Wenn Sie das Substrat regelmäßig kontrollieren, werden Sie bald feststellen, dass manche Pflanzen ihr Wasser schneller verbrauchen als andere. Große Pflanzen an sonnigen Standorten sind besonders durstig. Gießen Sie aber nicht gleich alle Pflanzen, nur weil Sie gerade dabei sind. Erst wenn die oberste Substratschicht (1 cm) trocken ist, brauchen Pflanzen Nachschub.

Prüfen Sie mit dem Finger, wie feucht das Substrat noch ist. Die Mulchschicht – falls vorhanden – muss dafür beiseite geschoben werden. Wer seine Pflanzen gut kennt, kann sie auch anheben und anhand des Gewichts auf den Wasserbedarf schließen.

Gießen von unten

Pflanzen mit dicht stehenden oder fleischigen Stielen wie *Saintpaulia*, *Peperomia* oder *Cyclamen* faulen leicht, wenn Wasser in ihr Zentrum gelangt. Sie werden besser von unten bewässert. Dabei kann man ihnen auch Flüssigdünger verabreichen. Enthält der Topf eine dicke Dränageschicht, wird er in eine tiefe Schüssel gestellt, damit das Wasser an die Wurzeln gelangt. Die meisten Pflanzen werden etwa 20 Minuten ins Wasser getaucht.

1 Wasser in eine Schale gießen, dann werden Blätter und Stiele nicht feucht.

2 Nach 20 Minuten das restliche Wasser aus der Schale ausgießen.

Tauchen und abtropfen

Orchideen wachsen in lockerem, grobem Substrat, das oft schwer erkennen lässt, ob Wasserbedarf besteht. Fingerspitzengefühl ist notwendig, denn zu viel Wasser schadet ihnen. Am besten taucht man sie einmal wöchentlich in eine Schale mit lauwarmem Wasser. Dabei nimmt das Substrat genug Feuchtigkeit auf und es besteht keine Gefahr, die Pflanze zu ertränken.

1 Den Übertopf (falls vorhanden) abnehmen. Die Pflanze samt Pflanztopf in eine Schüssel mit weichem, zimmerwarmem Wasser stellen. 10 Minuten stehen lassen.

2 Den Topf aus der Schüssel nehmen und etwa 30 Minuten abtropfen lassen. Erst dann wieder in den Übertopf stellen und an ihren Platz bringen.

Spezialbehandlung

Viele Epiphyten – also Pflanzen, die auf Bäumen wachsen – haben schwach entwickelte Wurzeln, die nur zum Festhalten dienen. Wasser und Nährstoffe nehmen solche Pflanzen hauptsächlich über ihre Blätter auf. Einige haben auch eine Rosettenform mit einem »Wasserreservoir« in der Mitte.

Regelmäßiges Einsprühen reicht für Pflanzen wie *Tillandsia cyanea* aus.

Bromelien haben in der Mitte ihrer Rosetten ein Reservoir, das regelmäßig mit weichem Wasser aufgefüllt werden sollte.

Flüssigdünger

Regelmäßiges Düngen tut allen Pflanzen gut. Sie sollten damit einige Wochen nach dem Pflanzenkauf beginnen. Man kann Langzeitdünger unter das Substrat mischen (*Seite 176*), oft ist es aber bequemer, den Dünger mit dem Gießwasser zu verabreichen. Für die meisten Pflanzen genügt ein Universaldünger, der in vorgeschriebener oder doppelter Verdünnung verwendet wird. Einige Arten brauchen Spezialdünger. Zu ihnen gehören Orchideen, Zitrusfrüchte, kalkempfindliche Pflanzen und Blattgewächse.

Pulverförmige Dünger werden nach Herstelleranweisung in einer genau abgemessenen Menge Gießwasser aufgelöst.

Flüssigdünger setzt man einfach in der vom Hersteller empfohlenen Dosierung dem abgemessenen Gießwasser zu.

Pflanzenpflege Bewässerungsprobleme

Das Gießen scheint vielen Zimmergärtnern Schwierigkeiten zu bereiten. Wir machen uns Sorgen über schlaffe Blätter oder meinen es zu gut und gießen zu reichlich, sodass die Wurzeln faulen. Wassermangel ist unübersehbar, weil dann das Substrat trocken ist. Schäden durch übertriebenes Gießen sind schwieriger zu diagnostizieren, weil sie sich schleichend mit fortschreitenden Wurzelschäden einstellen. Manchmal sind ertränkte Pflanzen aber noch zu retten.

Diese Begonie hat zu lange kein Wasser bekommen – das zeigen die hängenden Blätter überdeutlich.

Trocken legen

Wenn Sie beim Gießen zu großzügig waren, muss nicht alles verloren sein. Den Wurzelballen aus dem Pflanztopf nehmen und dick in Zeitungspapier wickeln, bis die überschüssige Feuchtigkeit aufgesogen ist. Danach die Pflanze sehr sparsam gießen und nicht in die Sonne stellen, bis sich die Wurzeln erholt haben.

Belebendes Tauchbad

Austrocknung kann Pflanzen erheblich zusetzen. Manchmal fallen sie über Nacht buchstäblich in sich zusammen. Beim Austrocknen löst sich das Substrat von den Topfwänden, daher würde das Wasser bei normalem Gießen glatt durchlaufen. Hier sind also andere Wiederbelebungsmaßnahmen erforderlich.

1 Wenn eine Pflanze die Blätter hängen lässt, prüfen Sie zuerst, ob wirklich Trockenheit die Ursache ist. Ähnliche Symptome treten auch bei Wurzelfäule auf.

2 Die Pflanze an einen kühlen, schattigen Platz bringen und mitsamt dem Topf in eine Schüssel mit lauwarmem Wasser stellen.

3 Nach etwa 20 Minuten den Topf aus der Schüssel nehmen, 10 Minuten abtropfen lassen und zurückstellen. Nach etwa einer Stunde sollte sich die Pflanze sichtbar erholen.

Bewässerung im Urlaub

Wer versorgt die Pflanzen im Urlaub? Ein wohlmeinender Nachbar ist schön und gut, aber wer sich sorgt, ob der Nachbar vielleicht vergesslich ist oder es allzu gut meint, sollte es ihm leichter machen und Vorratsgefäße oder Kapillarmatten vorbereiten. Dann muss der Nachbar nur ab und zu den Wasservorrat auffüllen. Ein langes Wochenende überstehen Pflanzen meist problemlos, wenn sie vorher gegossen und in einen kühlen Raum gestellt werden. Man könnte sie alle in die Wanne stellen und dort gießen. Es gibt zwar Töpfe mit einem Wasserreservoir am Boden, doch sie sind nur von Nutzen, wenn die Pflanzen daran bereits gewöhnt sind.

Eine Kapillarbewässerung ist schnell vorbereitet und kann Pflanzen (je nach Größe) bis zu einer Woche lang versorgen. Einfach das Spülbecken zustöpseln und eine Bewässerungsmatte oder ein Handtuch auf der Abtropffläche und dem Spülbeckenboden ausbreiten. Die Pflanzen – natürlich ohne Übertöpfe – auf die bedeckte Abtropffläche stellen und die Spüle mit Wasser füllen. Wasser wird von der Matte angesogen und kann von den Pflanzen aufgenommen werden. Für Töpfe mit Dränagematerial eignet sich die Methode nicht, denn das Substrat muss direkt in Kontakt mit der nassen Matte kommen, um Wasser aufsaugen zu können. Probieren Sie die Methode möglichst vorher einen Tag lang aus, um abschätzen zu können, wie lange eine Beckenfüllung vorhält. Dabei können Sie gleich kontrollieren, ob der Stöpsel richtig schließt.

Beim Dochtsystem wird eine Schale mit Wasser über der Substratoberfläche aufgestellt. Ein Streifen Bewässerungsmatte führt von der Schale zum Substrat.

Als Tropfreservoir eignet sich auch eine große Plastikflasche. Einfach den Boden abschneiden, in den Deckel ein kleines Loch stechen und die Flasche kopfüber ins Substrat stecken.

Pflanzenpflege | Gut gestützt

Gut gepflegte Pflanzen wachsen oft schnell. Früher oder später müssen Sie eingreifen, damit sie nicht zu groß werden. Es lohnt sich, Zeit ins Schneiden und Anbinden zu investieren, weil man dabei einiges über das Wachstum lernt – und schönere Pflanzen erhält.

Anbinden am Moosstab

Moosstäbe eignen sich gut für Kletterpflanzen wie *Monstera* (Fensterblatt). Man kann sie fertig kaufen oder einfach selbst herstellen, indem man Moos um ein Plastikrohr wickelt und mit Angelleine festbindet. Das Moos feucht halten.

1 Eine ausladende *Monstera* lässt sich leicht bändigen. Zunächst den Moosstab fest ins Substrat stecken.

2 Die Pflanze hat zwei Haupttriebe. Beide werden behutsam um den Moosstab gewunden. Vorsicht, sie brechen leicht.

3 Die Stiele mit weicher Gärtnerschnur am Moosstab festbinden, damit sie möglichst viel Kontakt zu ihm haben.

4 Treten Sie zwischendurch zurück, um zu prüfen, ob Sie die Pflanze gleichmäßig anbinden.

Anbinden am Reifen

Viele Kletterpflanzen kann man an ein Topfspalier oder einen Reifen binden, damit sie weniger wild aussehen. Neben Efeu (siehe Fotos) eignen sich auch *Jasminum, Passiflora, Cissus* und sogar *Tradescantia zebrina* ausgezeichnet.

1 Zuerst einen Ring passender Größe aus stabilem, möglichst verzinktem oder ummanteltem Draht biegen. Die Enden gerade lassen und direkt am Topfrand ins Substrat stecken.

2 Zuerst die längsten Triebe von beiden Seiten aus um den Reifen winden und bei Bedarf festbinden. Dann die kürzeren darum schlingen, bis ein üppiger Kranz entsteht.

3 Gefällt Ihnen das Arrangement, werden die restlichen Triebe abgeschnitten. Damit der Kranz ordentlich aussieht, neue Triebe abschneiden oder einflechten.

Pflanzen stutzen

Manche Pflanzen geraten mit der Zeit aus der Form oder lösen sich von ihrer Rankhilfe. Neue Triebe sollten daher regelmäßig gestutzt oder angebunden werden, damit die Pflanzen immer gepflegt und ordentlich aussehen.

Kletterpflanzen wie die *Passiflora* bilden lange Triebe, die man um den Reifen schlingen kann. Am besten wird das erledigt, wenn die Triebe noch jung und biegsam sind. Das gelegentliche Ausschneiden älterer Triebe ist mühsam, fördert aber die Verjüngung der Pflanze.

Streng geformte Pflanzen müssen regelmäßig geschnitten werden. Bei Blattpflanzen ist das einfach und kann jederzeit während der Wachstumsperiode geschehen. Blühpflanzen schneidet man im Zweifelsfall direkt nach der Blütezeit. Dieser Olivenbaum wird geschnitten, wenn die Blütenansätze gut zu erkennen sind.

Ausputzen

Manche Pflanzen hören auf zu blühen, sobald sich Samen bilden. Knipst man welke Blüten vorher aus, regt man die Neubildung von Knospen an. Große Blüten sehen nach dem Verwelken hässlich aus und können Fäulnis verursachen, wenn sie auf den Blättern liegen bleiben. Sie werden mitsamt dem Blütenstiel abgeschnitten.

Ein Hochstämmchen ziehen

Zieht man eine Pflanze zum Hochstamm, sieht sie ganz ungewöhnlich aus und kann einer Pflanzengruppe neue Impulse geben. Hier ist es ein Abutilon. Auch andere Arten, etwa *Lantana*, *Citrus* oder – mit einer Stütze – *Hedera*, eignen sich.

1 Sie benötigen eine Pflanze mit einem kräftigen, mittig stehenden, unverzweigten Stamm, der bis zur Spitze reicht.

2 Alle weiteren senkrechten Triebe abschneiden. Auch die Seitentriebe der unteren Hälfte des gewählten Stammes entfernen.

3 Dünne Stämme müssen gestützt werden. Schnur fest um den Stab und nur locker um den Stamm binden.

4 Hat der Stamm die gewünschte Höhe erreicht, wird seine Spitze ausgeknipst, damit sich die Krone verzweigt.

Pflanzenpflege | Was ging schief?

Es gibt drei Hauptgründe, die Pflanzen krank machen können: Krankheiten und Schädlinge, Gießfehler oder ein falscher Standort. Die Symptome aber sind in allen drei Fällen gleich: Schlaffe Stiele, gelbe oder braune Blätter, fallende Blüten oder Blätter. Wie erkennen Sie also die Ursache? Bewahren Sie vor allem Ruhe. Wer seine Pflanzen gut kennt, sieht leichter, was ihnen fehlt. Bei Krankheiten und Schädlingen ist Wachsamkeit die beste Vorsorge. Bei Befall muss schnell gehandelt werden, ehe er auf andere Pflanzen übergreift.

Nährstoffmangel hat gelbe Blätter verursacht. Welke Blüten und Blätter sind auf dem Substrat verrottet, die Fäulnis hat die Stiele befallen. Welk sind die Blätter durch Wassermangel.

Gelbe Blätter

• Alterung
Bei manchen Pflanzen färben sich die unteren Blätter gelb und fallen ab, während an der Spitze neue gebildet werden.

KEINE SORGE, das ist normal. Alte Blätter einfach abzupfen, damit die Pflanze ordentlich aussieht.

• Kälte
Pflanzen, die Wärme gewohnt sind, nehmen plötzliche Abkühlung manchmal übel. Blätter können gelb werden.

EIN STANDORTWECHSEL ins Warme und sie erholt sich meist wieder.

• Nährstoffmangel
Enthält das Substrat zu wenig Stickstoff, wird kein Chlorophyll gebildet und die Pflanze kann keine Energie aus Licht gewinnen. Die Pflanze transportiert den Stickstoff dorthin, wo sie ihn am dringendsten braucht – meist zur Spitze, sodass die unteren Blätter abfallen.

REGELMÄSSIGES DÜNGEN verhindert Unterernährung.

• Hartes Wasser
Hartes Wasser erhöht den Kalkgehalt des Substrats. Einige Pflanzen können dann Eisen und Stickstoff nicht mehr aufnehmen.

WEICHES WASSER und Dünger für kalkempfindliche Pflanzen verwenden.

• Wassermangel
Zu trocken gehaltenen Pflanzen fehlen auch die im Wasser gelösten Nährstoffe. Die Folge ist Unterernährung, die unteren Blätter werden gelb.

DIE FEUCHTIGKEIT regelmäßig prüfen und entsprechend gießen.

• Zu viel Wasser
Bei dauernassen Wurzeln wird die Pflanze nicht ausreichend mit Wasser und Nährstoffen versorgt. Darum reagiert sie ähnlich wie bei Trockenheit und Nährstoffmangel.

DEN TOPFBODEN NIE im Wasser stehen lassen (*Seite 182*).

Abfallende Blätter, Blüten oder Knospen

• Plötzliche Temperaturschwankungen sind Stress für Pflanzen, sodass sie Blätter abwerfen.

TEMPERATUR KONSTANT halten.

• Veränderter Lichteinfallswinkel
Viele Pflanzen reagieren, indem sie Knospen abfallen lassen.

PFLANZEN NICHT DREHEN, im optimalen Licht halten.

• Wassermangel
Blätter und Blüten fallen ab.

PRÜFEN UND GIESSEN Sie regelmäßig.

Verbrannte Blätter

• Zu große Hitze
Vor allem in Verbindung mit Wassermangel können bei großer Hitze die Blätter verbrennen.

TEMPERATUR SENKEN, mehr Wasser geben, Luftfeuchtigkeit erhöhen.

• Luftfeuchtigkeit zu niedrig
Verdunstet mehr Wasser, als die Wurzeln aufnehmen, trocknen Blattränder und -spitzen aus.

LUFTFEUCHTIGKEIT ERHÖHEN oder die Pflanzen in einen Raum mit höherer Luftfeuchtigkeit stellen.

Ausgewachsene Dickmaulrüssler sind flügellose Käfer, die die Blattränder anfressen. Sie können abends abgesammelt werden.

Die Larven des Dickmaulrüsslers fressen Wurzeln, bis die Pflanze abstirbt. Chemische und biologische Produkte schaffen Abhilfe.

Auf weichen oder feuchten Pflanzenteilen siedeln sich schnell Pilzkrankheiten an. Die Pflanzen sauber halten, welke Blüten und Blätter entfernen.

Rote Spinnmilben sind an Blattflecken und Gespinsten in den Blattachseln zu erkennen. Biologische und chemische Mittel helfen.

Schimmelpilze wachsen, wenn verwelkte Blütenblätter auf den Blättern liegen bleiben. Anfällige Arten regelmäßig putzen.

Mehltau tritt öfter bei Pflanzen auf, die zu warm oder zu trocken stehen. Die Bedingungen verändern und mit einem Fungizid einsprühen.

Blattläuse vorsichtig abrubbeln oder mit chemischen oder biologischen Mitteln bekämpfen.

Wollläuse sitzen versteckt. Abreiben ist schwierig, biologische Mittel sind wirkungsvoller.

Schildläuse kann man mechanisch oder mit biologischen Produkten entfernen.

Weiße Fliegen bekämpft man biologisch oder chemisch in allen Entwicklungsphasen.

Rußtau ist ein Anzeichen für Blattläuse, Schildläuse, Weiße Fliegen oder Wollläuse. Sie scheiden den klebrigen Honigtau ab, auf dem sich graue Schimmelpilze ansiedeln. Sind die Insekten unschädlich gemacht, vergeht der Rußtau meist von selbst.

Register | Pflanzenkategorien

Dieses Register soll Ihnen helfen, die richtige Pflanze für einen bestimmten Standort oder einen speziellen Zweck auszuwählen.

BADEZIMMER

BLATTZEICHNUNG

BLÜTEN

DUFTENDE BLÜTEN

Register | Pflanzen-Kategorien

LUFTERFRISCHER

ORCHIDEEN

PALMEN

SCHATTENPLÄTZE

STRUKTUR

SUKKULENTEN

WINTERGARTEN

Register | Deutsche Pflanzennamen –

Danksagung

Danksagung des Autors
Besonderen Dank möchte ich Kate Kenyan von der Flowers and Plants Association aussprechen, die mir durch ihre Hilfe bei der Beschaffung der Pflanzen die Arbeit sehr erleichtert hat.

Vielen Dank auch an Helen Fewster, Rachel Smith und ihr Team bei DK, die mit großer Professionalität für den reibungslosen und effizienten Ablauf des Projektes gesorgt haben – und das immer mit einem Lächeln.

Herzlichen Dank an Sian Irvine für ihre Gastfreundschaft und ihre Schokoladenplätzchen.

Außerdem danke ich der Fibrex Nursery, Pebworth, Warwickshire, für die Unterstützung beim Identifizieren der Pelargonium-Sorten sowie Gwen Dixon für die Ausleihe von Pflanzen.

Der Verlag dankt ferner Ali Edney und Juliette Hopkins.

Vielen Dank auch an Crocus.co.uk; The Chelsea Gardener; R.K. Alliston sowie Marston & Laninger, 192 Ebury Street, London SW1W 8UP (+44 020 7881 5717) für die Bereitstellung von Übertöpfen.

Bildnachweis
Der Herausgeber dankt den folgenden Personen und Institutionen für die freundliche Genehmigung zur Verwendung von Fotos:

Legende: o = oben, u = unten, m = Mitte, l = links, r = rechts
Alamy Images: Holt Studios International Ltd 187 or, 187 mo, 187 mor
Ardea.com: Steve Hopkins 187 ol
Photos Horticultural: 187 mol, 187 ur, 187

Für dieses Buch in Auftrag gegebene Fotos:
Craig Knowles: 165 kleines Foto, 167 kleines Foto, 181 ul, 181 um
Verity Welstead: 15, 60, 61l, 61or, 89ul, 103o, 116, 117or, 113ol, 145or, 176om, 179m, 179mr.
Für alle anderen Abbildungen © Dorling Kindersley
Weitere Informationen unter: www.dkimages.com